D1722491

Franz Kuchler · Rauhnacht

ISBN 3-927218-01-4

© 1990 by Georg Höltl, D-8391 Tittling/Passau
Verlag Museumsdorf Bayerischer Wald
Titelbild und alle Grafiken von Josef Fruth, Alte Wache,
Schloß Fürsteneck, Lkr. Freiung-Grafenau
Fotosatz: Typo spezial I. Geithner, Erding
Gesamtherstellung: Welsermühl, Druck- und Verlags-
haus AG, Wels

Franz Kuchler

Rauhnacht
im Winterbrauchtum

Museumsdorf Bayerischer Wald

Dieses Buch
widme ich
meiner Großmutter
Maria Ammer
geb. 1857 — gest. 1944

in Dankbarkeit
für die vielen erlebten und erdachten Geschichten,
die sie uns Enkelkindern in zahlreichen Abendstunden
erzählt hat.

Geschichten meiner Großmutter, persönliche Gespräche mit lieben Bekannten und die am Schluß dieses Buches angeführte Literatur sowie meine eigenen Erlebnisse regten mich zu dieser Aufzeichnung des winterlichen Brauchtums an.
All jenen, die dafür Pate standen, sei herzlich gedankt.

Zum Nachdenken

Meine Vernehmungen und Studien überzeugten mich, daß wir viel mehr und viel gründlicher vom Ursprung und vom Sinn des Brauchtums wissen sollten, um es recht zu verstehen.

Es handelt sich dabei nicht um eine mehr oder weniger gelungene Attraktion im Leben unserer Ahnen, nicht um eine oberflächliche Schaustellung irgendwelcher Einfälle — es ist vielmehr eine von innen her getragene Ausdrucksform urmenschlicher Weltanschauung. Ich meine auch, daß wir es hier nicht mit einem Aberglauben zu tun haben. Aberglaube mag beispielsweise die oft gehörte Vorstellung sein, daß eine schwarze Katze, die vor uns von links kommend über die Straße läuft, Unglück bringt, oder wenn wir befürchten, daß jemand stirbt, falls sich vier Partner kreuzweise die Hand zum Abschied reichen, oder Ähnliches. Nicht aber darf die Vorstellung von Geistern und sog. Unholden als Aberglaube abgewertet werden. Wir müssen erkennen, daß die Volksseele seit Jahrtausenden durchdrungen war von einer unbändigen Gläubigkeit, die jede Phase des Alltags durchpulste. Dazu kam auch die enge Verbundenheit mit der Natur. Nur so begreifen wir, daß in allen Völkern seit Anbeginn der Menschheitsgeschichte eine religiöse Besinnung auf Gott als den Schöpfer, aber auch auf den Ungeist als den Gegenpol das menschliche Verhalten bestimmte. Es lebte dieses hier angeführte Brauchtum nicht begrenzt als Erfindung unserer heimischen Bevölkerung auf dem Boden unserer Heimat, sondern in enger Verbindung mit den Menschen und ihrer

Weltanschauung im weltweiten Raum. Es fand aber bei uns seine typische bodenständige Prägung. Im Textbuch der *Deggendorfer Rauhnacht* spricht der junge Hirte: »Woaßt, de Leut ham koan Glaum nimmer. Und wo der Glaum stirbt, do sterm aa de altn Bräuch.« Damit soll gesagt sein, daß heute in unserer Gesellschaft das unbedingte Verhältnis zum Schöpfer und zur Schöpfung weitaus zerbrochen ist. Mit der Abfassung der *Deggendorfer Rauhnacht* kann und soll jedoch nicht verlorengegangenes Brauchtum wiedererweckt werden. Diese Erinnerung an die Vergangenheit mag uns aber zu denken geben, wo unser Glaube steht.

Franz Kuchler

Voraus

Leben wir mit Geistern?

Wenn es je Geister um uns gab und wenn es sie noch gibt, so nimmt unsere lärmende Zeit sie nicht mehr zur Kenntnis. Dennoch hat man auch heute noch gelegentlich mit Rätselhaftem zu tun, sucht aber die Erklärung ganz selbstverständlich in natürlichen, physikalischen, psychologischen oder biochemischen Vorgängen. Was mit unseren Sinnen und unserem Wissen nicht zu erfassen und zu deuten ist, glaubt man mit einiger Überheblichkeit als zwar im Augenblick nicht erklärbar, jedoch als natürliches Phänomen abtun zu können.

Dazu ist unsere Umwelt auch anders geworden. Sie gönnt uns den ruhigen Tag und die stille Stunde der Besinnung kaum mehr und nimmt auch unseren Feierabend in Anspruch. Sie hetzt uns durch unser Dasein, bis wir an dessen Ende erkennen müssen, daß wir, trotz aller Wissenschaften, nichts wissen, daß wir eben nur ein winziges Flämmchen im ewigen Feuer sind, das alles schafft und alles verzehrt. Dann sind wir bereit, darüber nachzudenken, daß wir eingeordnet sind in den Willen und die Macht eines Höheren, und je näher wir dem Abschluß zugehen, desto mehr erkennen und empfinden wir seinen Geist — wenn uns nicht aufgesetzt ist, daß wir vom Baume des Lebens fallen, ehe wir darüber nachdenken konnten.

Unseren Vorfahren war dieses Muß des besinnlichen Denkens und Prüfens noch gegeben. Es war Großvaters Zeit, in der ich horchend, fragend und aufschreibend als neugieriger Umgeher in unseren Walddörfern bekannt war. Eine geruhsame Zeit, in der die Waldleute nach des Tages Arbeit noch sich selbst überlassen in ihrer kleinen Welt lebten, in einer Abgeschiedenheit, die durch Einwirkungen von außen nicht gestört wurde. Berg, Wald, Dorf und Haus waren die Heimat, in der man sein Leben mit Arbeit, mit Sorgen und Nöten und bescheidenen Freuden verbrachte. Der Himmel über den Wolken und die Erde unter den Füßen, der Gang der Jahreszeiten, das Kommen und Gehen der Geschlechter, das Miterleben seltsamer Menschenschicksale und der Ablauf des eigenen Lebens gaben viel Anlaß zum Sinnen und Deuten.

Dazu kam eine Naturverbundenheit, wie wir, ihre Nachkommen, sie uns nicht mehr vorstellen können. Die Tage waren still, die Nächte dunkel und geheimnisvoll, und alles Geschehen schrieb man guten oder unguten Geistern zu, denen man, weil man sie nur ahnte und spürte, Gestalt gab. Diese Wesen bestimmten Not und Tod, Glück und Unglück, Ackersegen und Hausfrieden, und man vermutete sie überall, im sonnigen Sommerwald und in finsteren Dorfnächten, in Haus und Stall, bei Kirchen, Freithöfen und Wegkreuzen. Ihr segensreiches oder unheilbringendes Wirken setzte man in der Erzählweise in vielerlei Geschichten um und bestätigte die Geisterwelt durch glaubwürdige und verbürgte Berichte über geheimnisvolle und unerklärbare Vorgänge und Erlebnisse. Man lebte mit den Geistern, leugnete sie nicht und fand sich mit ihnen ab, scheu und ängstlich, oft aber auch heiter und hintersinnig.

Der Geisterglaube hat durch Jahrhunderte den Menschen im Waldgebirge ihre besondere Mentalität aufgeprägt, die sie, trotz der völlig veränderten Umwelt, noch nicht losgeworden sind. Die Alten wissen noch etwas von den Geistern, die um uns sind, die Jungen werden sie vergessen, es sei denn, sie fänden wieder zur Natur zurück und erkennen, daß es doch viel Unerklärliches zwischen Himmel und Erde gibt.

Dieses Buch ist eine Darstellung dessen, was man vor einem halben Jahrhundert noch von Geistern im Waldgebirge glaubte. Vielleicht gibt es doch noch Menschen, die ihr Vorhandensein ahnen und spüren, wenn ihnen eine besinnliche Stunde gegeben ist.

Paul Friedl
genannt Baumsteftenlenz

Aus Paul Friedl, *Geister im Waldgebirg*, Rosenheimer Verlagshaus

Nacht, im Schnee geborgen

Vom Winterbrauchtum aus vorchristlicher Zeit

In den finsteren Tagen und langen Winternächten er-
füllt die Volksseele seit urdenklicher Zeit Bedrückung,
Angst und Hoffen. Wer jemals einen Winter in der
Einsamkeit des Waldgebirges erlebt hat, wenn die Bäu-
me unter der Schneelast in klirrender Kälte ächzen
und das Dachgebälk zu bersten droht, wenn Blitze nie-
derfahren und der Donner krachend über das Land
rollt, wenn die ganze Gewalt des Schreckens sich über
dem First des Waldlerhauses zusammenballt, wenn
durch die Ritzen der gezimmerten Wände der Wind
pfeift und die Petroleumfunzel löscht, wenn draußen
die Hunde heulen, die Raben krächzen und die Eulen
ihren Totenruf wimmern, der wird jene Menschen
nicht belächeln, welche in tiefer Frömmigkeit sich den
Schicksalsmächten ausgeliefert fühlten und sich in-
brünstig nach dem Licht sehnten.

Rauhnächt — Rauchnächt

Als Rauhnächte gelten der 6. Dezember (Nikolaus),
der 13. Dezember (Luzia), der 21. Dezember (Tho-
mas), der 24. Dezember (Hl. Abend), der 31. Dezem-
ber (Silvester) und der 6. Januar (Hl. Dreikönig), mit-
unter auch der 30. April (Walpurgis). In manchen

Gegenden spricht man von den »Zwölfen«, das sind die zwölf Nächte von Weihnachten bis Hl. Dreikönig.

Rauhnächte sind Freinächte der bösen Geister, der Unholde, die den Menschen in Gestalt des Wilden Reiters, des Krampus, der Luzi, der Hexen, Teufel und Gespenster mit rauhen, rohen Gebärden Angst und Schrecken einjagen.

Unsere Ahnen schützten sich vor der Gewalt der Unholde durch Maskentragen, Lärmen und Ausräuchern.

Die Rauhnacht

Rauhwuggl (Holzmandl, Perchten)

Männer schlüpfen in rauhes Pelzgewand oder in rohe Rupfenumhänge und verbergen ihr Gesicht hinter kunstvoll holzgeschnitzten »schiache Larva« (Fratzen, Masken). Sie scheppern mit Kuhschellen, schnalzen mit Peitschen, trommeln und lärmen auf vielfältige Weise. So treten sie unerkannt den Unholden entgegen, um sie zu verscheuchen.

(Auch Berghirten vertrieben Wölfe und Bären, die die Viehherde bedrohten, mit Kuhschellenscheppern, Peitschenschnalzen und wildem Geschrei. Das sog. »Wolfaustreiben« ist z. B. noch in Bodenmais, Greising, Mietraching und Regen/Widdersdorf am 11. November der Brauch.) Auch Feuer schützt nicht nur vor Kälte, sondern auch vor dem Einbruch wilder Tiere.

Rauhnacht = Ausräuchern

Um die Rauhnachtgefahr zu bannen, wurde das Wintersonnwendfeuer entfacht und Haus und Hof ausgeräuchert. Der Hl. Dreikönig-Brauch ist die christliche Umsetzung dieses Rauchkultes. Kerzenlicht verbreitet Wohlbehagen — ohne Ängste vor Gefahren.

Niklo (6. Dezember)

Hier wird besonders deutlich, wie sich das Urbrauchtum behauptet hat. Neben dem heiligen Nikolaus, der als mildtätiger Kinderfreund in die Häuser kommt, poltert Knecht Ruprecht (Krampus), in rauhen Pelz ge-

Goaßlschnalzen verscheucht Bären, Wölfe und Rauhnacht-Unholde

wandet, und scheppert mit der Kette, schwingt drohend die »Gart« (Rute) und steckt gar die unartigen Buben in den rupfenen Sack. Diese Gestalt erinnert an den germanischen »getreuen Eckart«, den Begleiter Wotans und Warner vor dem Wilden Heer.

Luzi(a) (13. Dezember)

Im Leben der Altvordern ist Luzia (»die Leuchtende«) die Lichtgöttin als Künderin der Wintersonnenwende. Bis zur Einführung des Gregorianischen Kalenders (1582) beging man am 13. Dezember den Tag der Wintersonnwende. In Schweden ist dies heute noch Brauch.

Im Brauchtum unserer Ahnen stellt sich die Luzi als furchterregende Frauengestalt vor die Häuser. Ihr Gesicht ist verhüllt. Sie trägt (örtlich unterschiedlich) einen Kittel aus Strohgeflecht, eine blutrote Bluse, einen weitscheibigen Hut und zwei linke Schuhe. Mit dem Wetzstein schärft sie die Sichel und droht, den unartigen Kindern den Bauch aufzuschlitzen und ihn mit Glasscherben und Steinen vollzustopfen. Der Warnschrei »d Luz geht um« verscheucht alle Kinder von der Straße in die Stube.

Es geht auch der Spruch im Volke um: »d Luzi verlaßt s Haus mit an Kübel voll Blut und an Weidling voll Darm.«

Zur Abwehr reicht die Mutter der Luzi Schmalznudeln am Spieß. (Mit den Händen darf man die Luzi nicht berühren, sonst schneidet sie mit der Sichel die Finger ab! Siehe Textbuch 1. Szene.)

> Ritsch-ratsch, ritsch-ratsch
> d Luzi, d Luzi steht vor dar Tür,
> wetzt und wetzt de krumme Sichl,
> suacht an Girgl und an Michl.
> Werd eah glei an Bauch aufschlitzn,
> do wern de zwä Bazi spitzn.
> D Luzi, d Luzi steht vor da Tür,
> ritsch-ratsch, ritsch-ratsch!
>
> *Volksmund*

Bluatiger Damerl
(Thomas, 21. Dezember)

Die Thomasnacht galt bei unseren Vorfahren als die Mettennacht der Toten. Deshalb ist den Lebenden aufgetragen, sich von der Sünde abzuwenden und alle Schande sinnbildlich im Feuer der Sonnwende zu verbrennen.

Im bairischen Brauchtum entspricht der »Bluatige Damerl« Gott Donar, der mit seinem Hammer (Donner) die Welt erschreckt und das Böse aus der Welt räumen möchte. Er will dem Guten das Tor öffnen. In der Thomasnacht wird in alter Zeit das Feuer der Wintersonnwende entfacht, dürres Geäst, faulige Früchte, unbrauchbare brennbare Güter werden den Flammen übergeben, sinnbildlich für Mißgunst, Haß, Zwietracht und anderes sündhaftes Verhalten. Der »Bluatige Damerl« tritt im Brauchtum wie Donar mit schwarzem Umhang, weitscheibigem Hut und Hammer auf. Er klopft an die Tür und streckt sein blutbesudeltes Bein in die Stube. Die Bezeichnung »Bluatiger Damerl« dürfte mit dem Schlachten des »Weihnachters« (der Weihnachtssau) zusammenhängen, das an seinem Tag geschieht und naturgemäß blutig verläuft.

Zur Bekehrung der Sünder bedient sich Thomas mitunter auch der Hexen, Teufel und Gespenster (siehe Abschnitt »Hoagartngschichtn« und »Textbuch« 7.–9. Szene).

> Leut, habts ös dös scho bedacht,
> heut is vom Jahr de längste Nacht,
> derweil da kürzast Tog is gwen,

Der »Bluatige Damer min Hammer«

neun Oa legt sched no unsa Henn.
Und wißts öhs aa, wos dös bedeit,
bol d Finstan mit da Liachtn streit,
bol d Wolkngspenster überanand
herdruckan aufs verschlafa Land,

bis d Sunna wieder d Herrschaft gwinnt,
zun Summa hi an Bogn nimmt.
A bsondre Nacht mit all ihrn Graus,
wer zweifed, dem geht s Feuer aus,
der hods in dera Nacht net leicht,
drum is se an St. Thomas gweicht,
indem se aa da heili Mo
min Glaum a wengl hart hod to.

Volksmund

Heut nacht schürt da Damerl Gluat,
a Schlechtigkeit bringtn in Wuat,
verscheicht mit an Hammerschlog
de Teufön und de Hexnplog.
Sei Haxn, der is bluati rout,
da Weihnachter, der is scho tout.

Volksmund

s Wildern is a Teufelsgspej,
dös weist schnurstraks in d unterst Hej.
Damerl, hörst, i tua da schwörn,
daß i auf dei Wort iatz tua hörn
und nimmer noch an Hasn jog,
so wahr i dosteh, wia i sog.

Volksmund

Saufbruada, Schindaluada,
schlagst nomol dei Wei?
Elenda, Hirnverbrennda,
da Damerl kommt glei!

Volksmund

Rumpadibum, da Damerl geht um,
streckt sein bluatign Hax in d Stum,
schlagt mit sein Hammer wuid umadum.
Her mit da Dirn, hau ihr a Loch ins Hirn!
Hörts, wias donnert und pfeift,
wia d Hobangoaß um d Gred umestreift.
Rumpadibum, d Rauhnacht is um,
rumpadibum, da Damerl geht um.

Da Damer min Hammer
schlagts Waberl an Kopf,
sogt s Waberl zun Damerl:
Du knipfada Tropf.

Volksmund

Heut nacht is de längste Nacht,
heut nacht is de Thomasnacht.
Heut nacht schürt da Damerl Gluat,
bringt zun Sian s junge Bluat.

Volksmund

Aber bols gackst himmebroat
durch d Luft jagt s Wuide Gjoad,
daß eahm s Herz zsammziahgd vor Schreck,
is da Damerl aufn Weg,
ztremmed mit an Hammerschlog,
de längste Nacht, an kürzan Tog.

Volksmund

Mettennacht

Besonders in der Heiligen Nacht ist den Unholden nach dem Glauben unserer Ahnen große Macht gegeben. Gerade um diese Zeit hören wir von Unwettern, Lawinen, Erdrutschen und Orkanen über den Meeren, die die ganze Gewalt der Rauhnächte verkörpern.

Genauso wie die Berghirten den Einbruch von Bären und Wölfen in ihre Herde durch Entfachen von Feuer und mittels Lärmen mit Kuhschellen und Peitschen verhindern wollen, bedient man sich in den Rauhnächten der Perchten (im Oberland) und der Rauhwuggl (in Ostbayern), um die Unholde zu vertreiben. In Pelz (Rauchwaren) gewandet, mit kunstvoll geschnitzten Holzmasken vor dem Gesicht, scheppern sie mit Kuhglocken und schnalzen mit Peitschen durch Dörfer und Einöden.

Kirchseeon bei München und Bayerbach im Rottal sind Hochburgen dieses Brauchtums.

Schellerer

20

Letzte Rauhnacht (6. Januar/Dreikönig)

Noch heute ist es üblich, daß am Vorabend des Dreikönigfestes Haus und Hof »ausgeräuchert« werden. In die Glut auf der Kehrschaufel oder im »Räucherpfanndl« werden Weihrauchkörner gegeben. Der Hausherr geht damit durch alle Räume des Hauses und durch Stall und Scheune, während die Hausfrau Weihwasser aussprengt und an die Tür 19 C+M+B 90 mit geweihter Kreide schreibt.

Der Volksmund versteht darunter »Caspar, Melchior, Balthasar«, andere übersetzen die Zeichen mit »Christus segne dieses Haus« (lateinisch: Christus mansionem benedicat).

Auch hier wird besonders deutlich, wie Heidnisches mit Christlichem vermengt ist. (Siehe Abschnitt »Christliches Brauchtum im Weihnachtsfestkreis«.)

Krampus und Damerl

Unholde

Verschiedene Unholde bemächtigen sich in den Rauh-
nächten der Menschen, die ohnedies in den harten
Wintertagen von den Unbilden der Natur geplagt
sind.

Hirtenfeuer

Teufel

Der Teufel ist christlichen Ursprungs. Nach der Bibel ist es Luzifer, der sich über Gott stellte und von St. Michael in die Tiefe (Hölle) gestürzt wurde. (Siehe Figuren auf der Kuppel der Stiftskirche Metten.)

Die Welt der Altvordern kennt die Gestalt des Teufels nicht. Jakob Grimm (1785–1863), Mitbegründer des »Deutschen Wörterbuches«, sagt: »Der Name Teufel ist undeutsch und nichts als das beibehaltene Diabolos (Verleumder).« Für das in der Bibelübersetzung (Vulgata), die 1592 als sogenannte Clementina herausgegeben wurde, verwendete diabolus (daemonium) hören wir später die verschiedensten Begriffe, z. B. tiubil, diufal, im Mittelhochdeutschen tievel, tiuvel, Neuhochdeutsch teufel, englisch devil, schwedisch djefoul. Im Volksmund meidet man gerne den Begriff »Teufel« und nennt ihn »der ander« oder »der ganz anda«, auch »Gangerl«, »Fankerl«, »Sparifankerl«, der »Goaßfua-ßade«, »dersel mit de Hörndl« u. a. Dargestellt wird der Teufel als menschliche Gestalt, stark behaart wie ein Pelztier (schwarz) mit Hörnern, mit langem Schwanz und Klumpfuß bzw. Raubvogelkralle, zuweilen auch als Drache (siehe St. Georg, der den Drachen tötet). Im Dom zu Regensburg sind seitlich des Hauptportals der Teufel und seine Großmutter in Stein gehauen.

Der Teufel tritt den Menschen als harmloser Jägersmann in grünem Wams und grünem Hütl entgegen (»Grünhütl«). Fordert er aber die Seele des Menschen, dem er als Grünhütl scheinbar aus der Not geholfen hat, dann stellt er sich als der schwarze Teufel mit dem »Schwarzbuch« vor und verlangt dessen Verlöbnis,

Der Dämon

indem er mit eigenem Blut seine Unterschrift zu Papier gibt.

Der Teufel kann auch beschwört werden. Die Sehnsucht der Armen ist von dem Wunsche besessen, auch einmal zu Geld und Gut zu kommen, und wenn es mit dem Teufel geschieht (siehe »Hoagartngschichtn«).

Abgewehrt wird der Teufel mit Glockengeläute oder einem frommen Spruch, Stoßgebet oder einem Lied, immer auch mit Weihwasser. Ein Spruch besagt: »Viele Künste kann der Teufel, aber singen, aber singen kann er nicht.«

Teufel-Besessene werden ebenso durch Weihezeremonie von der teuflischen Gewalt erlöst.

Drud

Eine geheimnisvolle Frauensperson drückt zu nächtlicher Stunde die Schlafenden, so daß sie nach Atemluft ringen müssen und in Alptraum (Angsttraum) verfallen.

Aber auch im Stall treibt die Drud ihr Unwesen. Kühe, die von der Drud gepeinigt werden, geben blutige Milch, Hühner legen angebrütete Eier. Uralt ist die Überlieferung, daß man dem Treiben der Drud Einhalt gebieten kann, wenn man an die Fußseite der Bettstatt bzw. an die Stalltür das fünfzackige Drudenkreuz (Drudenfuß, Pentagramm) zeichnet.

So einen »Drudenstern« finden wir auch mehrmals im Museumsdorf Bayerischer Wald, Tittling: Zum Beispiel im Türstock des Schulhauses vom unteren Stübl zum hinteren Stübl, am Türsturz zum Eingang der Mühle (Rothaumühle) an verschiedenen Möbelstücken usw. . .

Den Drudenstern kannten schon die Kelten als heilbringendes Segenszeichen der Druiden. In Ägypten war es (3000 vor Chr.) als Sinnbild der Errettung, in

Griechenland als Bundessymbol der Pytagoräer bekannt.

Johann Wolfgang von Goethe läßt Faust zu Mephistopheles sagen: »Das Pentagramm macht dir Pein? Ei, sag mir, du Sohn der Hölle, wenn das dich bannt, wie kamst du denn herein?«

Mephisto antwortet: »Beschaut es recht! Es ist nicht gut gezogen. Der Winkel, der nach außen zu, ist, wie du siehst, ein wenig offen.«

Damit ist darauf hingewiesen, daß der Drudenfuß peinlich genau gezeichnet werden muß, um der Abwehr des Bösen zu genügen.

Es gibt genug Beispiele in der Kulturgeschichte, die diesem Zeichen eine besondere geheime Kraft zuschreiben. Schon der Hirtenkulturkreis findet darin eine mystische Bedeutung. Sicher sind später aus diesem Sinnbild die Buchstaben unserer Schrift hervorgegangen. Das Drudenkreuz wurde auch in den Eckstein kultischer Gebäude geritzt, gewissermaßen als Wehr gegen den Eintritt des Teufels. Auch auf Steinblöcken und Felsen im Gebirge finden sich diese Symbole zum Schutz vor Unheil. Auch die Bibel spricht wiederholt vom Eckstein. Ein Psalm erwähnt einen Stein, der von den Bauleuten verworfen, schließlich aber zum Eckstein genommen wurde, welcher sich in der Folge auf Christus bezieht als den Retter aus der Verdammnis.

Verwandt mit dem Drudenkreuz ist das Radkreuz, das man in Höhlenmalereien, in Tempeln, auf Grabsteinen der Kelten fand.

Heute nimmt der Eckstein eine reale Bedeutung als Grenzstein ein, indem er das Grundstückseigentum absteckt. Das Grenzsteinverrücken gilt als schweres Delikt. In den Kirchen markiert die Reliquienplatte

Die Drud im Roßstall

auf dem Altar den heiligen Bezirk der Eucharistie. So führt eine lange Historie aus dem heidnischen Kulturleben in unsere christliche Gegenwart unter dem Kreuz der Heilsbotschaft. (Drudengeschichten sind nachzulesen bei Dr. Reinhard Haller, *Von Druden und Hexen*, Verlag Morsak; siehe »Textbuch«, 6. Szene.)

Hexen

Irgendwie geistig verwandt mag die Drud mit den Hexen sein. Die Hexe gilt als Zauberin, der Schlimmes nachgesagt wird. Sie verzaubert Vieh, flicht den Rössern Zöpfe in Mähne und Schweif, entfacht Feuer, verwünscht Menschen und macht sie der Zauberei fähig. Sie verwandelt sich selbst in einen Geißbock oder verkriecht sich in eine Kröte usw. (Siehe Dr. Reinhard Haller, ebenda.)

Im Mittelalter wurden kirchlicherseits viele Mädchen, die sich durch auffallende Schönheit, aber auch wegen eines Gebrechens oder eines Kainszeichens als Hexen verdächtig machten, in peinliche Befragung (Pein, Folter) genommen und manchmal öffentlich auf dem Scheiterhaufen verbrannt. Es genügte schon, wenn einer Magd eine Neuzüchtung im Garten gelang, wenn sie eine besonders gute Ernte erreichte, wenn sie einen überragenden Milchertrag im Stall vorweisen konnte u. ä., daß sie bei der Obrigkeit angezeigt wurde.

Vom Hexenwahn hören wir schon im Altertum bei Persern, Juden, Griechen, Römern u. a.

In den Rauhnächten, vor allem in der Mettennacht, führen Hexen einen wilden Tanz in der Bauernstube auf. Dem Großknecht, der als Wächter im Hause bleibt, wenn alle Hausbewohner in die Mette gehen, können die Unholde dann nichts anhaben, wenn er das Evangelium in der Bibel liest und ein Amulett (Alraune) oder einen Kreuzanhänger um den Hals trägt (siehe Textbuch, 10. Szene). Siehe bei Franziska Hager und Hans Heyn, *Drudenhax und Allelujawasser/Volksbrauch im Jahreslauf*, Rosenheimer Verlagshaus.

Die Walpurgisnacht (30. April) kann als weitere Rauhnacht außerhalb des Weihnachtsfestkreises gelten, in der zum Abschluß der Winterszeit Hexenfeuer abgebrannt werden, um die Dämonen auszutreiben. In

Wilder Tanz

der Walpurgisnacht reiten die Hexen auf einem Reisig-
besen über das Land hinweg zum Bocksberg (Bocks-
wiese) im Harz, der Versammlungsstätte der Hexen.
Zwischendurch rasten die Unholde auf dem Walpur-
gisberg (»Walberle«) in der Fränkischen Schweiz.

Man erzählt, daß in der Walpurgisnacht ein Besen
versehentlich an der Hausmauer stehen geblieben war.
Am anderen Morgen fand man ihn auf den Kopf ge-
stellt. Anderweitig wehren Mägde die Gefahr des He-
xenzaubers dadurch ab, daß sie den Stallbesen mit dem
Reisig nach oben an die Stalltür lehnen.

Andere räuchern Haus und Stall mit Weihrauch aus
oder hängen einen Buschen Scheuchkräuter (Wachol-
der, Johanniskraut) an Haus- und Stalltüren.

Um Hexen im Bekanntenkreis ausfindig zu machen,
kniet man sich in der Mitternachtsmette auf einen
»Schama«, wonach man bei der Wandlung die schein-
heiligen Malefizweiber im Kirchenstuhl erkennen
kann (siehe Abschnitt »Hoagartngschichtn«). Der
»Schama« ist ein altes mystisches Kultzeichen wie das
Pentagramm (Drudenfuß). Hans Reupold (Vorsitzen-
der des »Perschtenbundes Kirchseeon«) berichtet in ei-
nem seiner Rundbriefe, wie er als Soldat in Montene-
gro sah, daß Frauen sich auf solche Matten stellten
oder setzten, um Unbilden abzuwenden. Männer
hängten solche Schama an die Stalltüre, um böse Gei-
ster abzuwehren. Manchmal sind in die Matten ein
Radkreuz oder ein christliches Kreuz eingeflochten.
So sind diese Glücksbringer seit alter Zeit weltweit in
irgendeiner Weise als religiöse Heilszeichen verwendet
worden.

Der Ausdruck »Schama« kommt aus der Körbezeu-
nerzunft. «Schama« ist ein Geflecht aus Holzspänen

oder Ruten in Form einer Scheibe, womit der Korb-
flechter die Anfertigung eines Korbes beginnt.

Es reizt der Vergleich mit der Religion des Schama-
nismus. Der Schamane (Priester oder Priesterin asiati-
scher Naturvölker) verscheucht die bösen Geister, die
sich der Seele von Mensch und Tier bemächtigen.

Hoagartn/Rockaroas

In der »stillen Zeit«, wenn die Arbeit im Freien ruht,
wußten sich unsere bäuerlichen Großeltern und das
Gesinde mit nützlichen Arbeiten unter dem Dach zu
beschäftigen. Da gilt es, vom frühen Tag an, auf der
Tenne zu dreschen, Holzschuhe zu »bitzeln«, Stroh-
schuhe, Saatkörbe und Körbe verschiedenster Art zu
flechten, Rechen zu fertigen, Besen zu binden, Kien-
späne herzurichten, Kerzen zu ziehen, Schnupftabak
zu reiben, Seifen zu sieden, Wagenschmiere anzurich-
ten, Schindeln zu klieben, Fensterläden zu schreinern
und Ausbesserungsarbeiten zu verrichten und vieles
andere mehr. Da kennt man keinen Achtstundentag:
bis in die Nacht hinein ruhen die Hände nicht.

Nach dem Viehfüttern setzen sich die »Weiberleit«
zusammen, um in geselliger Runde Flachs und Schaf-
wolle zu spinnen, Leinen zu weben, Gänsefedern zu
schleißen, Schafwolle zu kartätschen, Späne und
Stricke zu drehen, zu flicken, zu sticken, zu stricken,
Strümpfe zu stopfen, zu häkeln und dergleichen. Man
geht in »Hoagartn«. Diese abendlichen »Hoagartn«
finden reihum in verschiedenen Bauernstuben oder
im Brechhaus statt. Im Museumsdorf Bayerischer

Wald, Tittling, sind 2 Brechhäuser (aus Wiesing bei Altnußberg und aus Brennesreid bei Arnbruck) erhalten. Im Brechhaus oder in der Haarstube versammelten sich die Dienstboten zum Flachsbrechen und zur weiteren Behandlung des Flachses in nur einem Raum mit allen Gerätschaften, Bänken und einem Ofen. Haar = Fasern der Flachspflanze, die sich rund um den Stengel befinden und in der Haarstube losgelöst (gebrochen) werden.

Anderwärts nennt man diese Zusammenkünfte auch »Hoagascht, Hutschastubm, Schaidl, Häusergeh oder Rockaroas«. (Rocken ist der Spinnstab, an dem der Flachs bzw. die Wolle aufgesteckt ist. Der Ausdruck wird aber auch auf das ganze Spinnrad übertragen.) Die Mägde nehmen ihren »Rocka«, ihr Spinnrad, mit auf die »Reise« in die Rocken- oder Spinnstube. (Über das Leben und die Arbeit auf dem Waldlerhof berichtet Otto Kerscher in *Genau a so is gwen*/Verlag Pustet, Regensburg, und in seinen anderen Büchern über die Waldheimat.) Zunächst (etwa bis zehn Uhr abends) sind beim Hoagartn die »Weiber« allein unter sich. Während der Arbeiten bleibt das Mundwerk nicht ruhig, es wird »geratscht« und gesungen. »Woaßt net, was schneller geht, Rad oder Weibergred«. (Max Matheis in *Bayerisches Bauernbrot*, Verlag Morsak; siehe Abschnitt »Hoagartngschichtn« und »Textbuch«, 3. Szene).

»Die Brechhäuser ›waren altersgrau‹ geheimnisumwittert, gruselerregend und sagenumsponnen wie sonst kein Gebäu des Waldlandes. Was nun Glaube und überreichte Sage des Waldvolkes an unholden Gestalten kennt, das gab sich in den finsteren Haarhäusern ein Stelldichein. Der düstere Jäger mit der Hah-

Brechhaus oder Haarhaus im Museumsdorf Bayerischer Wald.

nenfeder am grünen Hütl und dem versteckten Bock-
fuß war da ebensooft zu Gast wie Hex und Drud und
allerlei seltsames Getier ...« – »Das Haarhauswaberl
ist die Gebieterin des Haarhauses! Ein ganz winziges
verzwergtes Weiberl, das ein zottiges Gewand trug wie
eine Hummel und von dessen Haupt der herrlichste
goldene Flachs in leuchtenden Strähnen floß, rundum
die Gestalt der Alten wundersam verhüllend ...« (Max
Peinkofer, *Brunnkorb*, Verlag Passavia, Passau).

Brechhausweiberl

Hobangoaß

Ein Bursche, in Linnen und Haferstroh gehüllt, trägt eine lange Stange, auf der ein präparierter Geißkopf oder der blankgewaschene Schädel einer Geiß bzw. eine geschnitzte Nachbildung befestigt ist. Obwohl die Weibspersonen beim Hoagartn mit diesem Überfall rechnen, springen sie doch erschreckt mit viel Gechrei auf, vor allem wenn die Hobangoaß unter die Röcke fährt und allzu wild in der Stube umhertobt (siehe »Textbuch«, 4. Szene).

Erzählen sich schon die Mädchen und Mägde eine Menge scheuchtsamer Geschichten von Tod und Teufel, von Hexen und Gespenstern, so tragen erst noch die Burschen mit ihren »Erlebnissen« dazu bei, Angst und Schauder zu schüren. Sicher sind die Heimabende zum Born vieler Sagen und Geschichten geworden, die wahr oder erfunden und erlogen heute als köstlicher Schatz in Unterhaltung und Dichtung erhalten geblieben sind. (Siehe Otto Kerscher: »Hundert Hoagartn-Gschichtn«, und Dr. Reinhard Haller: »Rockaroasgschichtn«, Verlag Morsak.)

Wenn es aber dann gar zu schauderhaft wird, ergreifen die Burschen ein Instrument, die Ziach, das Rafferle, die Zither oder den Dudelsack und spielen zum Tanz auf. Um die Stimmung zu steigern, wird mit Waschbrettraspeln und Löffelschlagen und anderen Dreingaben lautstarkes Spiel getrieben. Schließlich wissen die Hoagartnleute für weitere Abwechslung und Umtrieb zu sorgen, etwa mit »Schinkenpatschen«, mit »Oachkatzlfangen« und dergleichen. Immer wieder wird gesungen, und viele der Gsangl haben im Hoagartn ihren Ursprung.

Hoagarten dürfen nicht in einer Rauhnacht abgehalten werden, wie auch sonst viele Arbeiten zu diesen Zeiten unterbleiben müssen. Noch heute richtet man sich nach diesem ungeschriebenen Gesetz und läßt in der Rauhnacht beispielsweise das Stöbern sein und nimmt vor der Rauhnacht die Wäsche von der Leine.

In den Rauhnächten darf nur unaufschiebbare Arbeit (z. B. Viehfüttern, Melken) verrichtet werden. Auch Spiel und Tanz müssen unterbleiben, und niemand wird sich getrauen, in der Rauhnacht auf die »Rockenroas« zu gehen.

Man fürchtet die Rache der »Unholde«. Dieses Wort begegnet uns oft in den überlieferten Bräuchen und Erzählungen: Während »hold« in dem Wort »Frau Holde = Frau Holle« etwas Gütiges beinhaltet, umfaßt der Begriff »Unholde« etwas Böses, feindselige Wesen, also Geister, Druden, Hexen, Unglücksbringer, Wüstlinge, Räuber in Menschen- und Tiergestalt.

Von frühester Zeit an bis in unsere technisierten Tage lebte der Mensch mit der Umwelt so eng verbunden, daß er Recht und Unrecht, Gut und Böse aus der Stimme der Natur erkennen konnte. Das Urbrauchtum wie die Ursagen müssen wir als Ausdruck tiefer Religiosität unserer Ahnen verstehen, die mit einer reichen Erfahrung mit den Urgewalten gepaart ist.

Wilde Jagd

Nach germanischer Mythologie reitet Gott Wotan auf einem Schimmel im Gefolge von Kriegern, Schlachtjungfrauen, begleitet von Wölfen, Hunden, Katzen, Eulen und Raben unter Blitz und Donner und tosen-

Habergeiß

dem Sturm zur Walstatt. Noch unsere Großeltern deuteten schweres Gewitter als die »Wilde Jagd«. Wer sich im Freien befand, legte sich auf den Erdboden, schlug die Arme kreuzweise über der Brust zusammen und verrichtete ein Stoßgebet. Noch heute wird geraten, sich bei einem Gewitter flach auf den Boden zu legen, um vom Blitz nicht getroffen zu werden (siehe »Textbuch«, 2. Szene).

Losnächt

Text: Franz Kuchler
Musik: Manfred Fuchs

d Losnacht is u- - - -d losnacht is, da redn d Viecha, tus

De Los-nächt solln de Ungewiß- -heit, de uns be-fallt in de-ra Zeit,
Du sel-ber giaßt dei Los mín Blei und hoffst, es waar a Glück da-bei,
Mir wis-sns eh, daß alls niggs nützt, bol uns da Him-me net be-schützt.

a wen-gal lupfa weis-sagn gar was uns be-schert werd s nach-ste Jahr.
Sel Dean-dl frede hod den Glaum, d Pan-tof-fe brach-tns un- -ter d Haum.
So lös-ln mir und hof-fan fest, es schickt da Herr-gott uns des Best.

Dea oane legt se sched zun Barrn und hört de Viecha iatza
Da Folger Sepp lust ei in d Erd, er moant, daß prophe-zeit, wias
Drum bitt ma, so hods d Muat-ta glehrt, daß s neu-e Jahr koa Unglück

scharrn. Er lust, was ren in dera Nacht eh vor des neu- - -e
werd: obs all-sammt gsund bleim's nachste Jahr, sei Wei und s Gsind und
bschert: Gib Herr-gott uns a friedlichs Lem und Gsundheit und a

Jahr aufwacht.
Kinder- - -schar.
Glück da-nem!

© Hauzenberg, 2.2.87. Alle Rechte vorbehalten.

In der Zeit der Finsternis und der Ungewißheit bangen die Menschen um ihr Schicksal. Sie wollen Zeichen sehen, die sie die Zukunft erahnen und das große Los gewinnen lassen. Zu den besonderen Losnächten zählen die Andreasnacht (30. November), die Thomasnacht (21. Dezember), die Heilige Nacht (24. Dezember), die Silvesternacht (31. Dezember), die Nacht vor Heiligdreikönig (6. Januar) und vor Lichtmeß (2. Februar). Wir sehen aus dem Kalendarium, daß verschiedentlich Rauhnächte und Losnächte zusammentreffen.

Auch in der heutigen Zeit huldigt man dem Brauch des Losens, wenn an Silvester Blei gegossen wird. Auch wer sich Karten schlagen, sich ein Horoskop ausstellen und aus der Hand lesen oder sonstwie weissagen läßt, nimmt am Losnachtbrauchtum teil. Desgleichen klingt dieses auch an beim Verschicken von Neujahrskarten, auf denen die Symbole Kleeblatt, Marienkäfer, Glücksschwein, Glückspilz, Hufeisen, Glückspfennig und Kaminkehrer als Glücksboten abgebildet sind.

Das Losen (Hineinlusen = Horchen in die Zukunft bzw. das große Los ziehen) ist schon bei den Germanen üblich. Mädchen befragen das Schicksal am Tag der Göttin Hertha (Ende November). Auch das Werfen von Buchenstäben, auf die Runen gezeichnet sind, will die Zukunft erahnen lassen.

Noch bis in die zwanziger Jahre unseres Jahrhunderts herein gibt es eine Reihe von Orakelspielen, von denen hier nur einige angeführt werden:

Prügelwerfen

Ein heiratslustiges Mädchen geht in mondheller Andreasnacht (30. November) zum Holzstoß, zieht daraus sieben Prügel, wirft sie in schneller Folge über den Zaun und zählt die Prügel, die in gleiche Richtung zeigen. Sind es zwei, vier oder sechs, so jubelt es hellauf, denn so kann es sicher sein, daß übers Jahr ein Freier um seine Hand anhält. Zählt es aber eine ungerade Zahl, muß es noch lange auf sein Glück warten.

Pantoffelwerfen

Am Abend einer Losnacht stellt sich eine Magd in die Ecke ihrer »Menscherkammer« (*das* Mensch = Magd, Mädchen) und wirft rücklings einen Hausschuh gegen die Tür. Fällt der Schuh so, daß seine Spitze zum Ausgang hin zu liegen kommt, muß sie befürchten, daß im kommenden Jahr ein Hausbewohner in die Fremde zieht oder gar, daß ein Toter aus dem Haus getragen werden wird. Im umgekehrten Falle hat sie das große Los gezogen: ein Hochzeiter wird kommen.

Mancherorts wird der Brauch auch anders gehandhabt und auch anders gedeutet. Eine heiratslustige Magd schleudert den Pantoffel vom Fuß weg an die Haustür. Kommt der Pantoffel so zu liegen, daß die Spitze hinausschaut, hofft die Magd auf einen Freier, der sie hinausführt. Schaut der Schuh aber ins Hausinnere, dann muß sie abwarten.

Claudia Hauke weiß von einem weiteren Pantoffelorakel zu berichten. Etwa so: Wenn ein verliebtes Mädchen in den Losnächten auf einen Apfel- oder Birnbaum zwölfmal ihren Pantoffel wirft, der unter diesen zwölf Würfen einmal hängen bleibt, dann erfüllt sich ihr Wunsch im kommenden Jahr. Wenn er aber bereits beim ersten Wurf im Geäst hängen bleibt, dann wird das Mädchen in diesem Jahr sterben. (Siehe Heft »*Rauhnacht im Bayerischen Wald*« von Claudia Hauke, herausgegeben von der Waldvereinssektion Viechtach e. V., 1979.)

Losen im Schweineftall

Ob ein alter oder junger Freier ein Mädchen zum Traualtar führen wird, kann es im Schweinestall erfahren. Gibt beim Betreten des Stalles zuerst die Muttersau ein Grunzen von sich, muß es auf einen Mann älteren Semesters rechnen. Rühren sich aber zuerst die jungen Ferkel, ist es sicher, daß ein junger Bursche als Hochzeiter in Frage kommt (siehe Claudia Hauke, ebenda).

Strohſackhüpfen

In der Thomasnacht (21. Dezember) stellt sich eine »überstandige« Magd (die bis ins fortgeschrittene Alter nicht zum Heiraten kam) auf ihren Strohsack und hüpft mehrmals in die Höhe, während sie einen Vers aufsagt: »Bluatiga Damerl, i bitt di, auf mein Strohsack tritt i, mach, daß ma heit no erscheint der Bua, den i s nachst Jahr glei heiratn tua.« Hört sie ein Pferd wiehern oder eine Krähe krächzen, darf sie annehmen, daß ihr Bitten erhört wurde.

Baumschütteln

Ein Mädchen geht in sternenklarer Losnacht in den Garten und schüttelt einen Baum, auf dem noch ein Apfel hängt. Wenn dadurch diese letzte Frucht zu Boden fällt und gleichzeitig ein Hund in der Ferne bellt, ist es sicher, daß aus dieser Richtung ein Freier kommen wird.

Immergrünorakel

In der Silvesternacht legen liebesdurstige Mädchen zwei Immergrün- bzw. Efeublätter in eine Schüssel mit Wasser und stellen diese unter die Bettstatt. Rücken die beiden Blätter bis zum nächsten Morgen so weit zusammen, daß sie sich berühren, dann bedeutet dies Glück in der Liebe.

Wer aber schwindelt und mit eigener Hand nachhilft, dem zürnt das Schicksal.

Apfelkernezählen

Das heiratslustige Mädchen teilt einen Apfel in mehrere Teile und zählt die Kerne. Eine gerade Zahl bestärkt es in der Annahme, daß es sein Freund bald heiraten wird.

Apfelschalenwerfen

Andere Loser schälen einen Apfel so, daß der Schalenstreifen nicht abreißt und in einem Stück rücklings über den Kopf geworfen werden kann. Kann aus der

Form des Schalenknäuels ein Buchstabe enträtselt werden, so wird dieser als der Anfangsbuchstabe des Vornamens des möglichen Partners gedeutet.

Körnerſetzen

Kompliziert erscheint der Fall, wenn ein Mädchen mehrere Verehrer an seiner Seite hat und wissen möchte, wer es ernst und ehrlich mit ihm meint. Aber es gibt ein Rezept im Brauchtumskalender: Man nehme entsprechend der Zahl der auszuwählenden Freunde Blumentöpfe und bezeichne sie mit deren Namen. Darnach pflanze man in jeden Topf ein Getreidekorn und spreche jeden Abend beim Gießen einen Spruch. Jenes Korn, welches zuerst austreibt, weist auf den ehrlichen und ernstzunehmenden Freier hin (siehe Abschnitt »Hoagartngschichtn«).

Wetterloſen

Mein Großvater hatte sich eine kleine Leiter mit zwölf Sprossen gezimmert. In den »Zwölfen« von Weihnachten bis Heiligdreikönig achtete er auf das Wetter. Nach einem sonnigen Tag bemalte er eine Sprosse mit gelber Kreide, nach einem Regentag nahm er eine graue oder schwarze Kreide. Er unterschied aber auch Vormittag oder Nachmittag und Nacht, wenn das Wetter während des Tages wechselte. Daraus loste er das Wetter der kommenden zwölf Monate.

Meine Mutter hatte sich ein anderes Verfahren ausgedacht: Sie schnitt eine Zwiebel so, daß sich beim Zerlegen kleine Schälchen ergaben. Am Silvesterabend streute sie Salz in zwölf dieser Zwiebelschüsselchen, legte diese zwischen Sommer- und Winterfenster und achtete am Neujahrstag darauf, welches Zwiebelschälchen Wasser gezogen hatte. Daraus entnahm sie, welche nassen Monate bevorstünden.

Das Vieh redet in der Losnacht

Wer sich in einer Losnacht unter den Barren im Stall hockt und aufmerksam horcht, wird aus der Stimme des Viehs entnehmen können, was sich innerhalb zwölf Tagen ereignet (siehe Abschnitt »Hoagartngschichtn«).

Stimme aus dem Erdboden

Sensible Menschen können aus dem Erdboden vernehmen, was innerhalb von zwölf Stunden bzw. zwölf Monaten geschehen wird. Man legt sein Ohr inmitten einer Straßenkreuzung enggepreßt auf den Erdboden. Dies geschieht am besten in der Geisterstunde vor dem Silvesterabend. In der Regel wird der »Luser« von Freunden begleitet, die sich im Kreis um ihn stellen (siehe »Hoagartngschichtn«).

Musikanten in der Bauernstube beim Hoagartn

Hoagartngschichtn

Wia da Damerl an Berndorfer Bert sein Schwindl hoamzahld

Da Reindlin vo Upfkofen is sei scheckade Kuah, s Blasl, eiganga. Dös is dar a Lamentiern[1], konnst da denka. Is eh dös oanzige Stuck Viech gwen, dös in Stoi ghabt hod. A Euter, sog i dir, a Euter, netta wia a Butterfaßl. Und Milli hod s Blasl gem, net grad an Zuber[2] voll, aber zwä Eimer scho, ebba drei aa. Grod steßn tuats d Reindlin, und allweil wieder jammerts in ara Weis, daßd scho moana möchst, d Welt fallad zsamm: »Iatz bleim ma sched[3] no d Oia[4] zun Verkaufa — s mehra hod d Milli eibracht. Wia steh i iatz do, wo i do für de verreckte Kuah niggs kriag, höchstns für d Haut an etla Markl. D Freibänk nimmt mas net o, sched no da Schinder, und seln muaßt no zahln aa, daß as verscharrt. Ja, Blasl, daßd ma dös otuast und verreckst auf Ja und Amen.«

Da kommt da Berndorfer Bert um d Weg, da Schmuser[5] vo Zeintling, der lust[6] se de Jammerei o und moant: »Reindlin, brauchst de net obitoa, s wird scho wieder guat. Schau, i woaß da a Kuah, daßd dei Blasl vergessn konnst. A selchas schöns Viech. Werst dei Freud hom, balsd de nimmst. Trachti is all Jahr, is a jungs Stückl. Derfst as sched decka lassn. Da Gmoastier steht bein Künzl z Woisling. Und scho host zwo Stückl in Stoi. Aft steht s Kaibl o zun Verkaufa und hinterher machst da mit da Milli dei Geld, host dein Verdeast wieder.«

D Reindlin spreizt se zerst a weng, aber da Bert-Schmuser druckt nomol noche: »Um dös Geld, Reindlin, kriagst so schnell koane nimmer. Auf siebazehhundert kannt ös oberhandln, weilsd ma du dabarmst zwengs dem Malör, dös akurat di hoamgsuacht hod, akurat di, Reindlin, wo s das eh net leicht host, so oaschichti wiasd bist! Als a Schmusgeld[7] tat i sched an Blaua[8] orechnan. Und herweisn taat i das aa, hädds koa Gschär[9]. Aber oans müaßt a ma ausbedinga: Zahln, no zahln müaßadsd halt glei in Voraus, woaßd, bol i s Geld aufn Tisch leng ko, schind i no an etla Markl außa.« Nomol druckt d Reindlin umanand, aber dann verziahgd sa se in d Kammer, kramt sein Geldstrumpf untern Strohsack vüra und zählt seine Monetn aufs Duchad hi — 1800 Markl bringts zsamm, no ja, sel müassad glanga. »I ko net anderst, i brauch wieder a Stuck in Stoi. Und wenn i dann s Kaibe a no verkaufa ko, steh i net in Schuldn do. I geh auf den Handl ei, weil, i ko ja net anderst.« Und a so schlagt d Reindlin ei, da Handl is rechtsmaßi.

An andern Tog, is scho spat auf d Nacht zua, kimmt da Berndorfer Bert und stellt d Kuah in Stoi . . .

Da Berndorfer Bert, der Lump, der ausgschamte, der hod genau gwißt, daß de Kuah net aufnimmt[11], so oft ses aa zun Gmoastier weisn werd. Kaam daß an Millieimer halbwegs vollbringt bein Zeidln. Is scho a starks Stückl, wia der miserablichte Bazi da arma Wittiberin mit an selchan Schwindl kemma is. Ja, sei Mo bol no lebad, s Kreuz hädd er eahm ogschlong. Is na grichtsmaßi worn, wia i ghört hob. A Straf ghört se do scho.

Aber an Damerl kimmt niggs aus. Der nimmt se an Berndorfer Bert zleiha. Netta[12] wiar a in da vorletzan Rauhnacht von aran Roßhandl übers Schellnberger

Holz recht fidel hoamzua wackld, haltn n drei Manns-
bilder auf. Der Bert glangd in sein erstn Schrocka auf
sei Geldkatz[13] an de Wampm — ma konn ja net wissn,
bols ebba Räubersgselln waarn — aber na, se san recht
freundli und ladn zun Kartnspejn ei. Sie wissadn a
Brechhaus, und a Kirzn häddns aa dabei, daß ma a
wengl an Liachtschei hod. Bol[14] ma a selchana leidn-
schaftlicher Kartla is, wia da Berndorfer Bert, na
konnst dös Angebot net grodn. A Ruach is er ja scho
allerweil, und a paar Aung waarns aa, weil, gwinna
tuat er allmoi. Do hod er koan Zweifl.

Kartenspiel mit den Teufelsgesellen

Scho hockans um an oachan Tisch und scho sans mittn drinn in erstn Bot[15]. Spejn tans ja net gring! Scho raamt da Bert an erstn Gwinnst ei und bald drauf an zwoatn aa. Do treibts eahm de ruachadn Bozaung[16] außa. Er konn se net gnua sehng. Bozaugad san aber de andern drei aa. Daß Goaßklauan für Zechan ham, ko da Bert ja net daspechtn, scho zwengs da Finstern net — und scho gar net, wos do d Haxn net auf Tischplattn leng. Mit sein Glück is s bald aus. Mei Liaba, do muaß da Bert oan Blauer um an andern hileng. Und bol er aa moant, ös müaßad do aa wieder anders umageh — er verliert und verliert oa Bot ums ander. Wia na sei Geldkatz allweil mehra schwindsüchti wird, möcht er abhaun. Aber sched wia hipickt is er. Er kimmt net von Platz weg und muaß weiter kartln bis er niggs in da Geldkatz und niggs in Portmanä hod. An Blitzera tuats, an Dunner und a Feuer schlagt aus da Erdn. Do spannt da Bert sched no, daß de Gselln an Klumpfuaß ham, netta wia a Goaß — und furt sans . . .

1	*lamentieren*	= jammern, klagen
2	*Zuber*	= Holzschaff mit zwei Traggriffen
3	*sched*	= nur
4	*Oia*	= Eier
5	*Schmuser*	= Makler, Geschäftsvermittler
6	*lusen*	= horchen
7	*Schmusgeld*	= Entlöhnung für den Schmuser, Makler
8	*Blauer*	= blauer Hundertmarkschein
9	*Gschär*	= Umstände
10	*Duchad*	= Tuchent, Federoberbett
11	*nicht aufnehmen*	= unfruchtbar sein
12	*netta*	= soeben, gerade zu der Zeit
13	*Geldkatze*	= Geldtasche als Bauchbinde
14	*bol*	= wenn
15	*Bot*	= Partie beim Kartenspiel
16	*Botzaugen*	= herausgetriebene Augen

Wia da Damerl an Zunder-Bäck kuriert

Iatz möcht i enk de sel Gschicht von Zunder-Bäck verzähln. Gibt scho Leut, dö se min Wuachan furtbringen. Mit Lug und Betrug bringt da Zunder sei Gschäft allweil no mehr in d Höh. Er macht se überhaupts koa Gwissn draus, bol er d Loawal[1] kleaner macht und d Brotloab a wengl gringa. »Wos tuats scho, de paar Gramm gehngan de Leut net auf, und es tuat eahna aa net weh, aber bei tausad bring i scho an Batzn Steuergeld eina, wo uns da Staat scho aa rupft, wo er ko. D Hausfront sollt i obaweißln lassn, und a Lieferwagl brauchat i scho längst a neus. Außerdem waar a Roas auf Paris gwiß koa Luxus net. Und s Wei möcht scho längst an Brillantring. Konkurrenz sollt scho auf uns neidi wern . . .«

Wia eahm no neamd auf sei Schwindlgschäft kimmt, wo er de Lumperei scho a paar Jahr betreibt.

Aber da Damerl kriagtn scho.

Wieder geht er vor Tag in d Backstum, ehvor da Bäckergsell zurakimmt, und draht mit eigne Händd de Toagkugeln akurat noch sein Maß. A paar hundert Loawal lieng scho aufn Brett, do reißts ganz vo selm s Fenster auf. He! Er hört an Pfief und scho druckt eahm ebba sein Kopf in Loawetoag[1], daß er schier dastickt.

Wia da Zunder si mit aller Gwalt aufricht und se an Toag ausn Gsicht wischt, dakennt an: Leibhafti, da Teufi is s, da Teufi mit Hörndl und Schwanz. Do daschrickt er scho mordsmaßi, konnst da denka, und koa Tröpferl Bluat hädd er nimmer gem aa. »Bluatiga Damerl, helf, bloß net in d Höll!« schreit er. Aber do hod se da Damerl scho ebbs anders ausdenkt. Er wej na

51

ja net in Verdammnis schicka, sched[2] schrecka, daß er se bekehrt.

Scho packtn da Ganggerl und spanntn vorn Backtrog. Elfmoi[3] laßt er eahm an Trog um an Hausstock ziahng. Dabei stichtn da Teufi ordonanzmaßi min Höllnspieß in Hintern, daß da Zunder in Hundstrab zletzt schier d Reim nimmer kriagt in Backstum eine. Ganz daloabed liegt er aufn Bon, und netta kimmt da Bäckergsell zu da Tür eina. »Jesusmariantjosef«, schreit der. Und auf de heilinga Nama is da Teufi mit an greislichn Krachza abghaut. Grod an feurign Kometnschwoaf host no gsehng . . .

No, d Loawal und d Loab ham auf dös aufi scho nach Gsetz und Ehr s richtige Maß kriagt. A zwoatsmoi hod da Damerl net dreifahrn müassn. Aber s Gspött vo da ganzn Gmoa is eahm scho schwar nochganga, daß er an Pecka[5] kriagt hod.

Und wia da Zunder gstorm is, stellt ma für eahm a Totnbrett[6] auf, draußt am Waldrand. Da Dorfschreiner hod se s net verkneifa kenna und reimt a Versl zsamm, extra fürn Bäck:

Hier ruht der Bäcker Philipp Zunder,
hat flott gelebt, das war kein Wunder,
die Laiberl wurden immer kleiner,
du großer Gott, erbarm dich seiner.

---

1 *Loawal/Brotloab/*	= Roggensemmel/Brotlaib/
Loawetoag	Teig
2 *sched*	= bloß
3 *elf*	= Maßzahl des Teufels und der Narren (siehe 11.11. 11 Uhr = Beginn der Narrenzeit)

4 *daloawed* = erledigt, weich wie ein Brotteig
5 *Pecka* = Schaden, nicht mehr ganz richtig sein
6 *Totnbrett* = Brett, auf dem der Tote im Sterbehaus aufgebahrt war.
Der Schreiner richtete es zu, bemalte, beschriftete es,
wonach es am Ortsrand oder an Wegkreuzungen als
Gedenkbrett in Gemeinschaft mit anderen Totenbret-
tern aufgestellt wurde. Spezieller Brauch im Bayeri-
schen Wald.
Nicht zu verwechseln mit dem Marterl, das dort auf-
gestellt wurde, wo jemand tödlich verunglückte.

Da Gstettner Girgl geht aufs Kammerfensterln

Dös hod er mia selm verzählt, da Gstettner Girgl. I
kenn na ja scho lang, a rechter Schlawak is er, gamse
auf an iads Weibats, aber sunst is s guat zun Auskem-
ma mit eahm. »Meinse Leit«, fangt er o, da Girgl, »do
hob i mia ebbs eibrockt an letzan Thomastog, und a so
is kemma:

Z Vilshofer is Volksfest, vertn in Summer. I sehg,
wia grod a bildsaubers Weibats, a blondzopfads,
gschmochs Deandl, sich ins Kettnkarussell hockt — i
niggs wia zuri, sched[1] nem seiner und scho draht se s
Karussell und allweil schneller is s worn. Kudern[2] tan
ma net weng, und akurat wia ma in weitn Bong rund-
umadum fliang, dawisch i sei Ghäng und ziahg mas
zura. Is[3] tuat niggs dagleicha, zahnt wia a Holzfuchs
und blinzld mi scho so glangerisch o, daß s ma direkt
hoaß auflauft.

No, mia steign außa von Karussell — und bis i mi
umschaug, is s auf und davo. Di kriag i, hob i mia
denkt, und seit dera Zeit hon i dös Weibats nimmer

53

ausn Kopf brocht. Daß bein Kreizpointner z Erling für a Dirn[4] is, hob i nacha verrotn kriagt.

Also, i geh an Thomastag ume auf Erling, anderthalb Stund muaß ma scho geh. Schneim tuats und wachln, daß i scho umdrahn möcht. Aber da Glanga is halt dennascht größer wia mei Verstand.

I kimm zun Anwesn zuare. Woaßt, aufpassn muaßt do schon, daß di koans daspecht. In aran fremdn Dörfl derfst de net dawischn lassn, daßd Burschn s Gäu streitig machst. Kannt scho sei, daßd gscheidld wirst. Vertn[5] hob i ja in Scharling drent selchane Dresch kriagt, daß i acht Täg nimmer grod geh hob kenna.

Daß i weiter verzähl: Gwundert hob i mi, daß koa Hund net oschlogt. Wern na halt bei dem eiskaltn Wedder in Haus hom. Und i schleich mi mucksmäuserlstad allweil nacha zure, lus[6] und lus um alle Eckn ume — is neamd zun Sehng, is neamd zun Hörn. Haut scho! Und da Moschei verziahgt se aa no hintera Wolkn. Sched a schwarze Katz lauft vo da Schupfa außa übern Hof. Denk ma niggs, bin do net abergläubisch! Ja, do muaß da Philomena sei Schlafkammer sei, do, sched übern Hennerstoi. A Liachtl flackert auf, und grod sehg i, wia a zopfads Weibats an Vorhang vürziahgt. Also muaß s ös sei. I möchad net grod zu da Bäuerin aufs Fensterln geh; woaßt, da Bauer raucht koan guatn. Und a jungs Deandl is ma eh liaber.

Also, i loan d Loatan o, steig aufe, oa Spross um de anda, vorsichti, versteht se, daßs ja neamd inna wird. A wengl zwigadsd[7] de Loatan, weidas lauft alls sein Weg. Auf oamal, stell da vür, rumped do neba meiner a Katznviech d Loatawang entlang aufi zun Schrout. Möcht halt a do om sei, denk i mia. I hob mein Schrocka no net obegschlindt, schiaßt a zwoats an mia

54

vorbei, aufe aufn Schroat, und a dritts und a vierts. Obsd as glaubst oder net, schier a ganz Dutzad selchane Teufelsviecha starrn mi mit glüahrade Aung o, fletschn Zähnt, netta wia wenns mi zreißn möchtn und verbringan a selchas seltsams Gwinsl, daß ma zun erstn Mol in mein Lem d Angstn kemman, aber scho so arg, daß i wia da Blitz vo da Loatan rumped — und auf und davo bin i wiara gstutzda Hund. I bin nimmer dazuakemma, daß i d Loatan verraamd hädd, konnst da denka.

Ja, mei Liaber, i sollt mi halt do drokehrt hom, daß mar in ara Rauhnacht net kammerfensterln derf.«

1 *sched*	= gerade, direkt
2 *kudern*	= kichern, unterdrückt lachen
3 *is*	= sie
4 *Dirn*	= Magd
5 *vertn*	= voriges Jahr
6 *lusen*	= horchen
7 *zwigadsn*	= knarren, quietschen
8 *rumpeln*	= eiliges polterndes Verschwinden

Aa d Wam kriagts min Damerl ztoa

Ja, s gibt selche Leut, de niggs lieng sehng kennan vo ander Leut. Dös waar krankhaft, sogt ma und net amol strafbar. Und koa Dokta kannt de Diabsucht kuriern. Sel möcht i scho sehng, ob do da Damerl koa Rezept net wissad! I kimm auf dös, weil i do a Weibats woaß, d Weißnohdarin vo Untermühlhausn. Langfingerd is s, und krampfen tuats, wos s Zeug halt. Neule hods do bein Finsinger z Hofstettn, wos auf da Stör[1] gwen is, a Henn mitgeh lassn, weil, sie hod d Hennasuppn so vej gern. Hädds ja grod da Finsingerin song derfa, de hädd

55

ihr gwiß oane gschenkt aa. Aber natürli, krampfed schmeckts no besser. Vo de Äpfe und Zwetschgn ren ma gor net, dö s so zentnerweis findt! D Zitzler Wam geht scho allweil gern durchs Lentner Hölzl. Do san am Weg entlang an etla Ster Brennholz aufgricht. Und scho juckts ös in da Händd. No ja, sie nimmt a Halbscheit und schleppts hoam. Is ja net s erstmol, und aa net s letzmol, bols net anderst kimmt.

De ganz Gmoa woaßß, wos für a einnehmads Wesn de Zitzler-Wam hod, aber koan taats eifalln, daß as ozoagad. Is do d Wam a selchas liabs Weiberl. Überall helfts aus, bols dem oan oder andern recht drawe eigeht. Und Gschichtn verzählts, sched wia mei Großmuatta selig, do kanntsd a Büachl voll bringa. I moan, is[3] glaubts selm, aa bols net wahr san. Aber seine eigna Diabsgschichtn, na, de halts hintn, de verrots net. Dös bleibt iatz scho mia.

Lusts zua: Am Thomastog hatscht d Wam vo Zirning, wos bein Kornbichler über a Woch auf da Stör gwen is, geng Untermühlhausn seina Hiaba[4] zua. Wias an Zellner Bauern sein Schofstoi vorbeikimmt, konn s ös net gron[5], daß s Tor a wengl aufmacht und einelurt. »San dös schöne Schof, und a selchane Herd, müassn gwiß beiara hundert sei.«

»Mä, mä, mä«, blökans, und iatz werds d Wam inna, daß do oans mit ihr geh möcht, druckts se do a Betzerl so gschmoch an sein Kidl zure. Sie bringts net übers Herz, ko do des Viechal net abweisn. Und scho nimmt d Wam sei Vürda von Leib, bindd s Vürdabandl um an Hals von Betzerl und scho weist ses ausn Stoi. s Schaferl schaut no recht guatherzi aa. Mia tatn song, aber gstohln is s halt dennaschd. Und sel denkt da Damerl aa.

Grod schmatzt d Wam wieder min Schaferl und ver-
zählt eahm, wia schö daß ös na kriagt in sein Goaßstoi.
»s Fuada bring i scho her«, machts an Viech d Zähnt
lang — daß dös Betzerl den Schmatz versteht, do is koa
Frag net! »Brauchst gor nia net s Fressn selm suacha auf
da Woad. Alls kriagst higricht, brauchst sched s Mäu
aufmacha! Und guate Kräutl bring i da, und a Milli,
und alls, wos da guat tuat, sollst hom, gel Betzerl. Mit
meine Goaßn vertragst de gwiß aa. San recht handsa-
me Dinga, werst sehng!« A so kemman de zwo da Wam
seina Hiaba nacha⁶, brauchan sched no übers Bruckl
übern Labermühlbach, und scho sans dahoam.

I hob mas ja denkt: An Damerl sein Tog a Schof
stehln, dös ko net guat außegeh! Mittn aufn Bruckal
springt a mordsgroaßa Schofbock da Wam ins Keuz,
daß ös ans Glanda hibatzd⁷ und in Knia druckt. Mit
seine Klaua haut er da Wam schier s Gnack o. Is tuat an
Plärra, wia wann sei letzts End kaam. Und grod no
bringts mit letzta Kraft a Stoßgebetl übers Mäu: »Jesus
Barmherzigkeit!«

Aft is stad worn. Koan Schafbock sehgds nimma,
koa Betzerl net — aber ganz marod⁸ schleppt se d
Wam nachara Weil in sei Stum.

Obs ebba da Teufe gwen is, in Schafpelz? An Damerl
is dös scho zun Zuatraun, daß er an Sparifankerl für a
Bekehrung eispannt.

1	*Wam*	= Vorname (für Babette oder Walpurga)
2	*Stör*	= Handwerker arbeitet im Haus des Auftragsgebers
3	*is*	= sie
4	*Hiaba, Hiawa*	= Wohnung
5	*gron*	= überwinden, beherrschen
6	*nacha*	= näher
7	*hibatzd*	= hingedrückt
8	*marod*	= erschöpft

Da Grubmüller Hans wehrt se geng Krohaviecha

Zwä Täg nach Heilingdreiköni is s, s Johr geht scho an Auswärts zua. Mia hockma bein Vierlinga in da großn Stum, wo se d Weiba für an Hoagartn[1] ogricht ham. Min Spinna und Wem und Ratschn san de dritthalb[2] Stundn schnell umeganga und iatz stellns d Arbat ei. Is ja Zeit aa, weil mia Manner wartn eh scho, daß ma uns zurehocka derfan.

Da Grubmüller Hans is net allweil dabei. Der hockt liaber in Wirtshaus auf da Reim. Aber heut, moanate, hodsn hertriem. Gwiß wart er heut mit ara Gschicht auf, und jedsmol tuat er an Schwur, daß er dös wirkli und wahrhafti dalebt hod, wos er verzählt. Und scho fangt er o:

»Wia i do an Thomastog von der Reim hoamzua stapf, hod ja so saumaßi gwedert, daßd an Weg nimma gsehng host, und i hob aa a wengl aufglon ghabt, fliang ma do an etla Krohan direkt vors Gsicht. I plärrs o, i schlog mit de Arm rundumadum, moanst de Viecha waarn abghaut? Konnst das net vürstelln, allweil mehra werns, gwiß a Dutzad! Mi hod aa scho dös Gschrei verruckt gmacht. Mit de Flügl schlongs ma gor no ins Gsicht aa. Himmiseitn, denk i ma, Hundsviecha vorreckte, laßts ma dennascht mei Ruah, i möcht hoam! Wird allwei irga — do wirds ma zdumm: I ziahg mein Hirschfänger[3] ausn Sog, hau an etlamol zua, und wia dös no niggs helft, schmeiß i s Stilett mittn eine in de Herd. Do sehg i grod no, wia so a Rabmviech an Flügl hänga laßt. Ös druckts in Schnee obi, fliagt aber wieder davo. Und über a Weil hauns allsamt ob.

Bin i froh gwen, könnts enk denka.«

»Ja, und s Messer?« frog i an Grubmüller.

»Mei«, sogt er, »an dös hob i bei dem Schrocka zuerst gor nimma denkt, und gwiß hädd i s bei dem Wachlwedder aa net gfundn.

Guat Ding nachara halbm Stund geh i bein Lampewirt vorbei — do denk i ma, kannst do den Schrocka obischwoam. Bi sonst nia drinn bein Lampewirt, weil is a so a ogschmochs Weibats is. Aber weil i so marod bi gwen, hob i s halt do packt und wej a weng verschnaufa.

I bstell ma a Maß und a zwoate, und weils ma in Mong auf ebbs Sauers gangld, bstell i aa no an Preßsog, an ogmachtn. D Wirtin legt ma s Bsteck hi — i trau meine Aung net: Is s mei Stilett, mei eings Stilett, mei Hirschfänger. Dös gibts do gor net. Aber es is scho, kenns ja an da Schartn. Do hob i amol a Haringbüchsn auftremmd, und seitdem hods a Schartn. Und außadem is in Horngriff a Saukopf einegschnitzt. Konn me net täuschn, dös is mei Messer!

Do frog i d Wirtin, wias zu den Messer kimmt — aber is is schleinigsd in Kuchl außi — und gsehng hob is nimmer. Grod no sel, daß an Arm eibundn hod, muaß ganz frisch gwen sei, weil s Bluat is no durchn Verband gsickert.

I pack mei Messer — do schaugts ös o, do d Schartn, do da Saukopf! Der Schrocka is schier no größa als wia der mit de Krohaviecha! Der Preßsog — na den konn sa se gholtn! I sauf aa s Bier nimmer aus, a so hod ma graust. Leg drei Zwickl hi und hau ohne opfüatn[5] schleunigst ob. I sog enk, i bin firte gwen. Mir is dö Sach allweil in Kopf umganga. Wia kimmt dös Weibats zu mein Messer?!

Iatz hörts zua: Wia i in d Mettn geh am Heilinga Abend, nimm i ma an Schama[6] mit und hock mi drauf, weil mei Muatter hod ma verzählt, daß ma do a jeds Geheimnis lüftn könnt, sogar a Hex tat ma bei der Wandlung dakenna, dö scheinheili in da Kircha is. Und dös is wahrhafti netta a so gwen, is net glong, so wahr i do hock.

Und a so is s ma inna worn: d Lampewirtin is tatsächli a Hex. Hob mas eh denkt.« Da Grubmüller nimmt an Schluck und haut se a Pries auf d Händd.

I denk ma, bols net wahr is, is s do guat glong. Und wos waars denn, bols dö Gschichtn net gaab? A Hoagartn waar stinklangweilig, moants net aa?

1 *Hoagartn*	= Heimabend (siehe Abschnitt »Hoagartn«)
2 *dritthalb*	= zweieinhalb, die dritte Stunde ist halb
3 *Hirschfänger*	= feststehendes Messer, Stilett mit Horngriff
4 *Zwickel*	= 2 Mark
5 *opfüatn*	= verabschieden (von Pfüad Gott = behüt dich Gott)
6 *Schama*	= Geflecht (siehe Abschnitt »Hexen«)

Da Zeindlinger Mich und seine Spezln beschwörn an Teufi

Bol[1] oana a so a hundsheidana[2] Fretta[3] is wia da Zeindlinger Mich, dem sei Portmanä[4] de mehra Zeit d Schwindsucht hod, konn mas eahm net verdenka, daß er in seiner Verzweiflung an Plärra tuat: »Iatz pack ös min Teufi, weil sonst hilft da aa neamd. Stehln mog i net, raum tua i net, aber a ehrliche Teufelsbeschwörung waar do net unchristlich.«

No, da Mich braucht net lang beddln, seine zehn Spezl san allweil scho zunara Lumperei aufglegt, und so songs eahm zua, daß mitgehngan. Woaßt, alloa is s an Mich dennascht net geheuer.

Bei ara selchan Prozedur derfst de neun Tog davor net auswaschn, derfst de net kaampen, s Kirchageh muaßt da schenka und an Weichbrunn konnst aa vergessen, sonst geht da da Sparifankerl auf koan Handl net ei.

Laßts enk verzähln: In da Losnacht vorm Liachtmeßtag gehngan de elf Kampen⁵ zu da Lindharter Wegkreuzung außi, ganz verstohlns, versteht se. Dös waar dös gschicktasde Platzl, hod eahna a alta Hirta verrodn. Mit an buachan Stecka kratzns in Sand an Kroas⁶ und in den stelln se de elf eine.

Da Mich sogt sei Sprüchl auf:

Zwölfe hods gschlong, iatz müassats glei gschehng.
Werd net lang dauern, bis man aft sehng.
Ja, meiner Seel, er konn uns net o,
schützt uns do gwiß de himmlische Boh.

A wengal schlodern eahna scho d Knia, konnst da denka. Aber se verdruckan d Angstn. Waar aa net zun Rodn, weil sonst kannts da Fankal glei in sei Gwalt kriang.

De elf nehman se bei de Händd, und iatz murmelns eahnan Spruch, den sa se in Außageh a dutzadmol vüagsogt ham:

Oans, zwoa, drei/*vier*, fünf, sechs/*siem*, acht und nei
Bring uns Dukatn, a Goldschatz möchts sei!

Mäusalstad sans. Se lusn — hörn aber niggs. Niggs gschiecht. Ja, do wern de Kundn glei bollisch[7] aa:

Teifi, wos is s iatz, bist leicht nimma unt?
Konnst uns net helfa, du trauriga Kundt?

Wieda tuat se niggs. Ja, wos is s an? Müass ma ebba[8] lauter schreia?

Oans, zwoa, drei/*vier*, fünf, sechs/*siem*, acht und nei
Bring uns Dukatn, a Goldschatz möchts sei!

Se san no gar net am End min Aufsong, schlogt d Kirchauhr zwölfe, und a Blitz fahrt oba auf d Oacha[9] nemo, daß an Stamm spreißld[10]. Iatz schlagt a Dunnara nach und no oana, und in seln Aungblick springt da Teufe mittn eina in Kroas. Kreimelement, do sans da dakemma und fahrn zsamm. Scho halt eahna da Sparifankerl sei Schwarzbüachl[11] unter d Nosn und an Federkiel dazua. Woaßd, da Teufe gibt niggs umasunst, bol er eahna scho a Geldsackl histellt! Er wej a Seel dafür hom, oana muaß droglaum. Min eigna Bluat sollt oana sein Nam ins Büachl schreim. A Vertrag waar dös, ogricht auf d Ewigkeit.

Scho fragt er den erstn, an Vinzenz, ob sei Seel feil waar.

»Na, i net«, schreit der.

Und scho ruckt da Ganggerl zun nächstn. Und oan um an andern geht er o, aber ma hört sched: »I net, i net, i net . . .« Koana laßt se auf den Handl ei. An iada[12] fürcht se vor da höllischn Ewigkeit. Da letza, da Rohrmoser Xav, a gwandda Bursch is er allweil scho gwen, ziahgt ausn Überziacha a Kruzifix außa und halts an Teufe direkt vor d Larva[13] sched wiarar eahm frogt.

Brüadal, do sollst gsehng hom, wiar a se überschlong hod, und an Pfuchaza hod er do. An Pfief no, an Schnalzer, und da Ganggerl haut inara stinkadn Schweflwolkn ob, netta[14] wiar a gsengte[15] Sau. s Geldsackl aber hod er in da Eil steh lassn.

Wias an erstn Schrecka obigschlindd ham, reißns s Sackl auf, schaung aber scho zerst amol rundumadum, ob net ebba da Ganzanda, da Teufe, net gor nomol zruckkaam und sei Geldsackl holn möchad. Vor lautan Glangara[17] taats ös bald zreißn.

Sakara, a selchana Haufa lauter Goldstückl! Freile, an Schwefegstank muaßt übergeh, der ghört ja allmol zun Höllnfürstn. Aber wos tuat dös scho bei an selchan Gschenk!

Teufelsbeschwören im Kreis

Vo da gspreißldn Oacha holn sa se a Astgabl, leng des schware Sackl drauf und scho schleppan ses an Karglbauernanwesn zua. Aufn Weg moln sa se aus, wos mit dem Gold unternehma könnan und an iada phantasiert vonaran Haus, vonara Roas, vonara Houzatkutschn. Ja, wos eahna do für a Lem offasteht! De ganz Welt ghört eahna! Auf da Tenna kenntns[18] d Stoilatern o, möchadn do den Goldschatz rechtsmaßi und ehrlicherweise aufteiln. D Aung bringans eh nimmer zua. S Sackl schüttns aufn Brettabon — und iatz hauts ös um: Kugln do net lauter nackade Kieslstoana außa! Da Teufe zahnt se oans. Ausn Gspier[19] außa hörst a Kachazn[20]. Da Teufe is da scho a Teufe!

1	*bol*	= wenn
2	*hundsheidan*	= armselig
3	*Fretta*	= Hungerleider, einer, der sich durchs Leben frettet
4	*Portmanä*	= Portemonnaie, Geldtasche
5	*Kampe*	= Kerl, Bursche
6	*Kroas*	= Kreis
7	*bollisch*	= ungehalten
8	*ebba*	= etwa
9	*Oacha*	= Eiche
10	*spreißld*	= splittert
11	*Schwarzbüachl*	= Vertragsbuch des Teufels
12	*iada*	= jeder
13	*Larva*	= Gesicht
14	*netta*	= gerade so
15	*gsengt*	= gesengt, heiß überbrüht
16	*obigschlindd*	= hinuntergeschluckt, überstanden
17	*Glangerer*	= Verlangen, Gier
18	*kenntn*	= anzünden
19	*Gspier*	= Getreideviertel in der Scheune
20	*kachazn*	= laut lachen

D Veronika befragt b Troadkörnl

Dös sel derfst ma scho glaum, daß s um a jungs knusprigs Deandl ebba[2] scho zuageht wiar in ara Hollastauan[3], wo d Impm surrn und aus de Blüah an Höni suzln. Und bol[4] — wia bei da Koller Veronika — da Höni[5] beiara 80 Stückl Viech in Stoi[6] san, is da Glangara[7] scho no vej größer. Da Koller Bauer, sei Vater, hod scho d Faust aufghebt und allweil wieder ins Deandl eigredt: »Daßd ma du net an Hungerleider bringst, der wo se unser schöns Sach daschleicha möcht! Daschlong tua i di, Deandl.«

No ja, denkt se d Veronika, do taat se da Greilkonisepp scho a Hoffnung macha, daß er mi kriagad. Vertn[8], seitn Kathreintanz, schwanzld er umi um mi und macht ma seither s Mäu wassre auf an Zsammastand. A Bauernsuh waar an Vatern scho kommod, wo er ausaran Hof mit 120 Tagwerk Holz und Äcker ostammt. Aber i, wos taug i für a Bäuerin, wo mei Körperschaft vej zgring is für de schwar Arbat . . .

Do wissad se d Veronika scho ebbs[9] gschmochas[10]. Da Gruaber Franz, dös waar scho oana. Bols der sched[11] oschaugt mit seine schwarzn Aung — und gor no bei da Mittn packt — na schiaßt ihr s Bluat gach[12] in Kopf. Freili, an Vatern standd er gwiß net zun Gsicht, wo er sched an kloana Biamter is in Amtsgricht in da Stod. A andas Lem waars scho mit dem.

Aber do steht no oana um d Weg, a ganz a rebellischer: da Zirngiebl Hias. Du, der hods vielleicht packt, wias fertn in Birkerlholz zsammtroffa san, dadruckt hädd as schier bein Halsn. Dös is a ganz a wilder. Aber a zeahma Hund is a scho, dös woaß s scho etla Jahrl, vo da Schul her no, wos scho allweil zsammblinzld ham, de zwoa. A guats Eikomma hod er, Prokorist is er in Lagerhaus. No, an Vatern passad er ebba net grod. Sie hod se aber aa no net entschiedn für eahm.

Woaßt, do steht no oana um d Veronika. Für d Ökonomie is er gwiß niggs, da Hans, dös spannt d Veronika scho aa. Gwachsn is er wia a Tannabaam. Und bol er mit seine blitzadn Aung sched an Liachtstrahl hiwirft auf an Deandl de sein, na wirds ganz wurlad[13]. Und als Förstersfrau waar ma scho aa ebba.

Ja mei. Vier Hochzeiter stehngan o, do is d Wahl scho net leicht. Vom Oschaung kannt da Veronika an iada[14] recht sei, aber wias inwendi bei de vier Manner gstellt is, dös woaß ma halt net. D Muatta, der de Liabschaftn net verborng bliem san, moant eh allweil: »Laß de net umekriang. De Mannateufen gehngan grod auf des sel Gwisse aus. Und balsd na an Schrazn[15] daherziahgst, na lassns de hocka.«

Aber a überstandige[15] Jungfrau möchts halt aa net wern. Sie is se net schlüsse, wers ehrli mit ihr moant. Dös is da a Kreiz. »Iatz pack ös grawotisch[17]«, sogt sa se, »iatz versuach is und befrog d Losnacht.« In da Andreasnacht richt sa se vier Bleamescherm[18] her. Mit da Heilingdreikönikreidn schreibts auf jedn nacharanand de vier Nam drauf. Na klaubts a se in Troadbon[19] vier Woazkörnl außa und setzt sched in jedn Scherm oans ei. Zuaschaung laßt sa se net; dös muaß geheim bleim, sonst is s Losen[20] für niggs. Sie findt aa a Platzl, wos net leicht oans zsehng kriagt: Aufn Schrout[21] versteckts ös.

Und all Tag giaßts ös, verstohlns, versteht se, und sogt sei Sprüchl auf:

I pflanz Troadkörnl o,
bedeut jeds an andan Mo.
I hädd an iadn gern,
ko ma sched oana ghörn.

Du bist da Hias und du da Hans,
du bist da Sepp und du da Franz.
Sel Körnl, dös auf zerst austreibt,
is dann der Mo, der für mi bleibt.

Volksmund

Is[22] is scho ganz webad[23] und konns kaam no dawartn, bis s erst Körnl austreibt und von Kout[24] vüraspitzt. Wieder rumpets in aller Herrgottsfrüah aufe aufn Schrout — kaam daßd ebbs sehng konnst vonweng da Liachtn — do, do iatz is s soweit: bein Franze sein Scherm linst a kloawinziga Sprößling vüra. Voller Freud tuats an Juchaza und an Hupfara. Is sehgt se scho als Frau Inspektor in da Stod strawanzn[25], alle Leut grüaßns, und de Ehr und dös Ansehng hebt sei Herzal. Von ara Schinderei aufn Hof und aufn Feld is koa Drodenka. »Koa Sautrank[26] brauch i net zsammpantschn, koan Hennerdreck net vo da Gred[27] wegschwoam[28], und fürchtn brauch i mi net, daß ma da Stoigstank am Gwand hängableibat.« Und da Franz is scho recht, iatz woaß is . . . Und glei sogts an heilinga Andreas Vergeltsgott für de Hilf! Iatz aber schnell de Scherm vooama, d Nam wegwischn, daß s net hinterher no ebba dablecka kannt — und iatz ghörts sched no an Franzn.

Aber: wos is an iatz dös? Do spitzt ja ausn zwoatn Scherm aa a Trieb außa, und ausn drittn aa . . . Sched in viertn Scherm hod se niggs zoagt. Do hauts »d Frau

Inspektor« schier vom Schrout — da Traam vo da Stod is aus. Wieder stehngan drei Mannsbilder im Ungwissn.

Was taatsd iatz do du?

I woaß grod no, daß da viert Bursch am flinkan gwen is, net beim Austreim im Bleamescherm, wohl aber bein Bussln. Und a so heirat d Veronika an Förster.

1 *Traodkörnlbefrong*	=	Getreidekörnerbefragen, orakeln mit Getreidekörnern
2 *ebba*	=	etwa, vielleicht
3 *Hollastauan*	=	Hollunderstrauch
4 *bol*	=	wenn
5 *Höni*	=	Honig
6 *Stoi*	=	Stall
7 *Glangerer*	=	Verlangen, Gelüste
8 *vertn*	=	voriges Jahr
9 *ebbs*	=	etwas
10 *gschmoch*	=	geschmackvoll, nett, lieb
11 *sched*	=	bloß, nur, auch für schnell
12 *gach*	=	jäh
13 *wurlad*	=	unruhig
14 *iada*	=	jeder
15 *Schrazn*	=	Kind (eigentlich Zwerg)
16 *überstandige J.*	=	über das Jugendalter hinaus, übriggebliebenes Mädchen
17 *grawotisch*	=	mit Gewalt
18 *Bleamescherm*	=	Blumentopf
19 *Troadbon*	=	Getreideboden, Getreidespeicher
20 *losen*	=	ein Zukunftslos ziehen, orakeln
21 *Schrout*	=	Balkon
22 *is*	=	sie
23 *webad*	=	unruhig wie ein Weberschiffchen, nervös, neugierig
24 *Kout*	=	Erdreich, Blumentopferde
25 *strawanzn*	=	hier: stolzieren
26 *Sautrank*	=	Schweinefutter
27 *Gred*	=	Vorsplatz des Bauernhauses, meist mit Ziegel gepflastert
28 *wegschwoam*	=	schwemmen

Da Folger Sepp hört a Stimm aus n Erdbon

Mei Ahnl[1], d Ammermuatter vo Mollasdorf, hod ja allweil und scho glei zunara iadn[2] Gelegenheit ebbas zun Verzähln ghabt. Do hock ma grod wieder amol kommod[3] beiarananda auf da Ofabänk, meine zwo Schwestern und i. Da Ähl[4] spannt de Sach scho, bol s Ahnl sei Mäu min Vürda abwischt und d Kinder über Ecks oschaugd, drum moant er: »Gel Muatta, mach ma d Kinder net aufwurlad und angsti, verzähl eahna net wieder so scheuchtsame Gschichtn, hörst!«

Aber s Ahnl halt se net dro. Silvester is, und do solln d Kinder scho erfahrn, wos vertn gschehng ist — und mir drei hädd ma a net lugg lassn, daß s Ahnl ebba koa Gschicht verzählad.

Kinder, sogts und s Aungglasl is bis auf d Nosnspitzn vürigrutscht, Kinder, do is vertn, wia heut auf Silvester, da Folger Sepp, wißts eh, vom Wirt in da Hofmark drent, wo ma an Klosterberg aufigeht, nach da Nachtsuppm auf d Linharter Kreuzung außi, nimmt se aber scho vorsichtshalber seine Schafkopfspezln mit und an etla Tarockbrüada aa. Da Sepp legt se mittn in Kreuzung und lust in Erdbon eine. Iatza gang dös nimmer, unterbricht s Ahnl sein Schmaz, heutzutog gang dös nimmer, wo do d Straß teert ist, und do kaam koa Stimm nimmer durche. Wia i sog, da Folger Sepp lust und lust, und auf oamol springt er auf und plärrt, lauter scho als wia s in da Losnacht sei derfad: »Buama stellts enk zsamm in Kroas[5], i sog enk, wos i woaß!« »Ja, wos woaßt an«, frong de andern scho ganz aufgregt und zidarad: »Ja, wos woaßt an, wos

69

hostn dalust?« Und a so tuat ers kund, da Sepp: »Heut
nacht, heut nacht stirbt no oans in unsana Gmoa!« De
Freundal dakemman net schlecht, zidan wia a
Espaslaubads[6] und frong nache: »Wos sogst? Host sel
wirkli ghört? Dös ko do net stimma, in unsana Gmoa
ist koans krank, sel müaßad ma dennaschda inna[7]
worn sei. Leg di nomol hi und lus ganz genau!« Und da
Folger Sepp druckt sei Ohrwaschl ganz fest auf d
Straß. Dauert net lang, springt er wieder in d Höh und
tuat desselbige song: »Wia i gsogt hob, heut nacht
stirbt no oans in da Gmoa. I konns net anders song,
akurat[8] a so hob i s vernumma.«

De Burschn glaums net, und in Hoamgeh zweifelns
de Weissagung no allweil o. Inara so a Gmoa kennt do
an iads an iadn — und wahrhafti is ja koans so schwer
krank, daß zun Sterm waar. Und spat in da Silvester-
nacht is s eh scho, san sched[9] no zwo Stund bis s Neu-
jahr eiläutn und d Schiaßerei ogeht.

Iatz san ma mir drei Kinder scho aa fiebad worn,
ham s Ahnl aufegsteßn und durchananda benzd[10]: »Is
s na wahr gwen, wos da Folger Sepp ausgsogt hod, ha,
Großmuatter? Sogs uns, sogs uns!« Ja, Kinder, tatsäch-
li is s eitroffa.

Stellts enk vür, da Forster Mich, er is eh dabei gwen
auf da Linharter Kreuzung und hod alls mitdalebt, der
geht dahoam in Roßstoi eine, weil er a Unruah ver-
numma hod, netta[11] wia wenn a Roß ledi[12] worn waar,
do is da Haidda[13] glei bei da Tür hibei daschrocka,
schlogt aus und drischt eahm min Huaf so element[14]
in Bauch, daß eahm d Darm außaghängt san. Schauts,
Kinder, da Mich hädd do wissen müassn, wo er do a
Roßknecht is, daß ma, bol ma d Stoitür aufmacht,
zerst amol d Roß oschmazt und sich dakenna[15] gibt.

So hod da Forster Mich droglaum müassn. Ös hodn koa Dokter nimmer rettn kenna. No in da selbign Nacht is er gstorm. Gott hab ihn selig! Do frogt ma se scho: Bol er ... hädd er ... waar er net zun Lusn mitganga, waar er net so durchananda gwen und hädd ebba do d Roß net daschreckt.

A traurige Gschicht, de i bis heut net vergessn hob — und is scho beiläufi siebazg Johr her.

1	*Ahnl*	=	Großmutter
2	*iadn*	=	jeder
3	*kommod*	=	bequem
4	*Ähl*	=	Großvater
5	*Kroas*	=	Kreis
6	*Espaslaubads*	=	Espenlaub
7	*inna worn*	=	erfahren
8	*akurat*	=	genau so
9	*sched*	=	bloß
10	*benzd*	=	bedrängt
11	*netta*	=	ebenso, gerade so
12	*ledi*	=	ledig, frei von der Kette
13	*Haidda*	=	Pferd
14	*element*	=	gewaltig
15	*dakenna*	=	sich zu erkennen geben

s Viech redt in da Losnacht

Von Fruth Sepp hob i de Gschicht, de i enk iatz verzähl. I moan, daß ös richtig sog. Da Fruth Sepp is a Kunstmaler und Grafiker, von dem de Buidl in dem Büachl zeichnat san. Aber a Dichter is er aa. Er lebt ganz und gor in dera mystischn Welt.

Dös Ungwisse, dös in de finstern Tag an iadn[1] druckt, bringt uns alle in a Unruah. Tan ma ja mia selm Bleigiaßn an Silvester, weil, mir moanatn halt aa, die Bleifigurn kanntn uns an Deuta gem, wos s nachst Jahr über uns kaam. Sogor de seln, sogor de seln, de vo de Weissagungen gor niggs haltn, treibts umarananda, kannt ebba[2] do ebbas[2] Wahrs dro sei.

Und a so is s an Tannabichla Koni vo Kalteck net anderst ganga. Zerst hod er allweil gspöttld über de Losnachtbräuch. »A Blödsinn is s«, moant er. Nacha hodsn halt do packt, an Koni.

Er schleicht se in Stoi auße und legt se untern Barrn auf sein Schama[3] aus neunerlei Ruatn, aus espene, birkene, eschene, erlene, oachane, tannane, feichtane, föhrane und buachane. »Gel, Blasl«, schmazd er d Kuah o

In der Losnacht redet das Vieh

und tappt auf sei Wampm[4] und streichlds a weng, »iatz sog mas, wos da d Luzi eispeibt.«

Zerst is s Gviechats no a zeitl wurli, an etla stehngan auf, ander mauln sogor, is ja do koa gschickte Zeit, iatz in da finstern Nacht.

Wias na stad wird in Stoi, hört er tatsächli a Stimm, a ganz a seltsame, und grod is s, als kaams aus da Wampm vo da gscheckadn Kuah. Wos sogts? Wos hört er?

»Morng macht da Schreiner für di a Totntruah[5], morng tan de Knecht in da Stum aufbahrn.
Drei Tag liegst aufn Totnbrett[6]
bis di d Roß zun Gottsacker fahrn.«

Nomol hört er hi. Ganz kaslad wird er, da Tannabichla Koni, und s Herz möchts eahm schier zsprenga. Der Toud hockt eahm im Gnack[7], ganz bucklad schleicht er se außi von Stoi. Und de ganz Nacht und an andan Tog hört er de Stimm: ». . . zun Gottsacker fahrn . . . zun Gottsacker fahrn . . .« Meine Roß fahrn mi net außi in Gottsacker, sogt er se und verkauft seine Scheckn, daß ebba de Prophezeiung net wahr wern kannt.

Aber do reißts eahm d Seel ausn Leib — und am nämlinga Tog lengs an Tannabichla aufs Brett in da groußn Stum, netta wias s Gviechats bedeut hod.

1 *iadn*	=	jeden
2 *ebba, ebbas*	=	etwa, etwas
3 *Schama*	=	Geflecht, Matte in Form einer Scheibe, womit der Korbflechter die Anfertigung eines Korbes beginnt (siehe Abschnitt »Hexen«)

4 *Wampm* = Bauch
5 *Totntruah* = Totentruhe, Sarg
6 *Totenbrett* = Brett auf einem Gestell (Bock) liegend, auf dem der Verstorbene drei Tage im Sterbehaus bis zur Beerdigung aufgebahrt wird. Darnach wird es vom Schreiner zugerichtet, beschriftet und an einer Wegkreuzung aufgestellt.
7 *Gnack* = Genick

Vom christlichen Brauchtum im Weihnachtsfestkreis

Das sich entwickelnde Brauchtum unserer bajuwarischen Vorfahren wird zwar im Christentum vielfach »umgetauft«, bleibt aber in den Urelementen dem Ursprünglichen erhalten.

So finden wir in der germanischen Volksethik und Sittenlehre sowie in den Sagen der vorchristlichen Zeit die Götter Wotan (Odin), Donar, Freja, Hertha sowie Walküren und Elfen, während sich die christliche Glaubenslehre zum dreifaltigen Gott, zur Gottesmutter Maria, zu Engeln und Heiligen bekennt. Die Toten der Urväter gingen in Walhall zur ewigen Ruhe ein, christlicherseits sprechen wir von Himmel, Fegfeuer und Hölle.

Der Schimmel Wotans wird zum Rappen des Unheils, auf dem der Tod reitet. Die Wintersonnwende (bei den Germanen als das Fest der Erwartung des Lichts gefeiert) wird in der christlichen Religion zum Weihnachtsfest, der Erlösung aus der Finsternis. Der in Pelz gewandete Krampus begleitet den hl. Nikolaus. Noch bis in unsere Tage herein stehen Germanisches und Christliches nebeneinander.

Das bürgerliche Jahr dreht sich um das Sonnengestirn und den von ihm abhängigen Naturablauf, das Kirchenjahr um die geistige Sonne Jesus Christus. Der christliche Festkreis beginnt mit dem Advent als der Vorbereitungszeit auf Weihnachten. Der Weihnachtsfestkreis endet mit »Maria Lichtmeß« am 2. Februar.

Advent

Adventus heißt Ankunft. Es ist die »Stille Zeit« der Erwartung mit Fastengebot und Gebet. Tanz, Hochzeit und Lustbarkeit verbieten sich in dieser Zeit.

Rorate

Während der Adventzeit feiert die katholische Kirche die morgendlichen Votivämter zu Ehren Mariens nach dem Introitusgesang »rorate coeli desuper« (»Tauet Himmel den Gerechten«). Früher zogen die Gläubigen in finsterer Morgenstunde mit Fackeln von den umliegenden Gehöften ins Pfarrdorf. Keines wollte beim Engelamt fehlen. (Siehe: Josef Schlicht, *Blauweiß in Schimpf und Ehr, Lust und Leid*, herausgegeben von Dr. Rupert Sigl, Rosenheimer Verlagshaus.)

Adventkranz

Der Adventkranz entstammt dem Brauchtum der evangelischen Christen und wurde in katholischen Kreisen erst vor einigen Jahrzehnten gebräuchlich. Der aus Tannenreisig oder Stroh gebundene Kranz wird mit vier roten Kerzen besteckt, wovon am ersten Adventsonntag die erste Kerze und nachfolgend an den weiteren Adventsonntagen alle anderen abgebrannt werden. Der Adventkranz ist gewissermaßen zum Sinnbild der vierwöchigen Vorweihnachtszeit geworden und heute in Kirchen und Wohnungen allgemein gebräuchlich, auch sinnbildlich für den Jahreskreis.

Weihnachtsgebäck

In jedem Hause wird Weihnachtsgebäck (Früchtebrot bzw. »Kletzenbrot«, Stollen, »Plätzerl«, Lebkuchen, Marzipan) für das Weihnachtsfest vorbereitet. Verschiedene Formen erinnern an die ursprünglichen Tieropfer und andere Opfergaben heidnischen Ursprungs. Man nennt sie Gebildbrote.

Adventkalender

Jeden Tag zur Adventzeit öffnen die Kinder ein »Fenster« des Bildkalenders, der auf die Erwartung der christlichen Botschaft eingerichtet sein sollte. Leider ist heute der religiöse Sinn vielfach verdrängt und vergessen worden.

Barbarazweige

Am Tag der heiligen Barbara (4. Dezember) schneidet man vom Kirschbaum einige Zweige und stellt sie ins Wasser in der Erwartung, daß sie bis Weihnachten zum Blühen kommen im Sinne des Liedtextes »Es ist ein Reis entsprungen . . .«

Die heilige Barbara, geboren in Kleinasien, wurde im vierten Jahrhundert wegen ihres christlichen Bekenntnisses nach schrecklichem Martyrium von ihrem Vater enthauptet. Sie gilt als die Schutzfrau der Bergleute. Sie zählt zu den »Vierzehn Heiligen Nothelfern« und ist in der Nothelferkapelle im Museumsdorf Bayerischer Wald mit ihren Insignien Kelch und Turm dargestellt.

Hl. Nikolaus (6. Dezember)

Der heilige Nikolaus war um 327 Bischof von Myra und wurde als mildtätiger Kinderfreund bekannt. Alle Jahre am 5. oder 6. Dezember erwarten unsere Kinder den heiligen Nikolaus, der in bischöflichem Ornat, Bischofsstab und Mitra von Haus zu Haus geht, die Kinder zum Beten oder Singen veranlaßt und Geschenke verteilt. Mit ihm aber erscheint meist auch der Krampus (Knecht Ruprecht), in rauhen Pelz gewandet, der mit der Kette scheppert, die Rute drohend schwingt und die unartigen Buben in den rupfenen Sack steckt. Diese Gestalt des bärtigen Krampus erinnert an den heidnischen »getreuen Eckart«, den Begleiter Wotans.

Herbergsuche/Frauentragen

In der Adventzeit wird eine Marienfigur bzw. ein Marienbildnis vom Pfarrer oder Mesner ins nächstliegende Haus getragen. Dort verrichten die Hausbewohner vor dem Hausaltar eine Andacht und geben »Maria« am nächsten Tag in die Nachbarschaft weiter, bis sie zuletzt am Heiligen Abend in die Kirche zurückkehrt.

Der Brauch bezieht sich auf die Herbergsuche von Maria und Josef in Bethlehem und appelliert an die Hilfsbereitschaft gegenüber Notleidenden und Bedrängten.

Mariä Empfängnis (8. Dezember)

Das Hochfest der Adventzeit würdigt Maria als die ohne Erbsünde empfangene Tochter von Anna und Joachim aus dem Geschlecht Davids. Seit dem 5. Jahrhundert in der Ostkirche gefeiert, breitet sich das Fest der Zeugung Mariens ab dem 12. Jahrhundert auch im Abendland aus. 1854 verkündete Papst Pius IX. folgenden Glaubenssatz: »Die allerseligste Jungfrau Maria ist vom ersten Augenblick ihres Lebens durch eine besondere Gnade Gottes und im Hinblick auf die Verdienste Jesu Christi vor allem Makel der Erbsünde bewahrt geblieben.« Neun Monate darnach feiern wir Mariä Geburt (8. September) und Mariä Namen (12. September). Die Zeugung Jesu fällt auf »Mariä Verkündigung« (25. März), neun Monate vor dem Weihnachtsfest.

Bei uns wird der 8. Dezember als der »Kleine Frauentag« bezeichnet im Hinblick auf den »Großen Frauentag« am 15. August (Mariä Himmelfahrt) mit dem alten Brauch der Kräuterweihe.

Adventsingen

In den letzten Jahren hat sich der Brauch vom Adventsingen allgemein verbreitet. Eine Fülle von alten und neuen Liedern haben Eingang in Schule, Chorkreise und im Drei- und Viergesang gefunden.

Adventfeier (Adventsingen) hat nichts mit der sog. Weihnachtsfeier zu tun. Paul Friedl (Baumsteftenlenz) hat immer wieder betont: Adventfeiern gehören in die Wohnstube, in die Kirche oder in einen sonst geeigneten (sakralen) Raum, niemals in ein Wirtshaus. Er schrieb den Text zu einer »Waldweihnacht«, die der Bayerische Wald-Verein alljährlich am 1. Adventsonntag in einer (vorher bestimmten) Kirche durchführt.

Nikolaus- und Weihnachtsmarkt

In Marktflecken und Städten werden an bestimmten Tagen im Advent Marktbuden aufgestellt und Süßwaren (Weihnachtsgebäck, Kletzenbrot, Lebkuchen), Nüsse, Christbaumschmuck, warme Bekleidung (Pelzmützen, Pudelhauben, Socken, Schuhe) und Geschenkartikel (Spielzeug, Schmuck und dgl.) angeboten.

Paradeisl

Es wird als Vorläufer des Christbaums bezeichnet, eine Pyramide aus sechs Holzstäben (mit Bändern umwickelt) und vier Äpfeln mit aufgesteckten Kerzen. Im Mittelalter fand das Paradeisl Eingang in die Paradiesspiele und steht symbolisch für den Baum der Erkenntnis im Garten Eden. Die Gottesmutter Maria hat nach der Lehre der Kirche den Kopf der

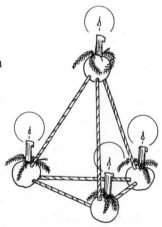

Unheilsschlange zertreten und das Heil der Welt gebracht. Darum steht im Kalender auf den Tag »Adam und Eva« (24. Dez.) das Fest der Geburt Christi (siehe »Textbuch«/Lied »Paradeisl«).

Christbaum

Erst seit hundert Jahren wird bei uns der Christbaum in den Wohnungen, vor dem Haus und in Kirchen aufgestellt. Soldaten sollen den Brauch nach dem deutsch-französischen Krieg (1870/71) aus dem Elsaß mitgebracht haben. Erwähnt wird zwar schon um 1500 das »Grüne Tannenreis«, und 1539 werden in Straßburg Tannenbäume um die Weihnachtszeit auf dem Markt angeboten. In Bayern soll der Christbaum zu Hofe von der protestantischen Gemahlin König Ludwigs I. eingeführt worden sein.

»Stille Nacht, heilige Nacht« des Lehrers Franz Gruber und des Pfarrers Josef Mohr, das in der Kirche zu Oberndorf (1818) erstmals erklang und heute in der ganzen Welt gesungen wird, hat sicherlich auch dem Christbaum zur Verbreitung im Weihnachtsbrauchtum verholfen. Dieses Lied sollte dem Hl. Abend vorbehalten bleiben und nicht schon zuvor in Kaufhäusern die Kunden berieseln, auch nicht bei Weihnachtsfeiern gesungen werden. Geschmückt wird der Christbaum mit Gaben des Gartens und des Feldes (Äpfel, Nüsse, Backwerk, Strohsterne) und mit Glaskugeln und Kerzen. Die Spitze ziert eine Engelsfigur bzw. ein Bethlehemstern. Heute verwendet man aus Sicherheitsgründen elektrische Beleuchtung, trotzdem aber sollte man wenigstens eine Wachskerze zum

Gedächtnis an die verstorbenen Angehörigen entzünden. Verschiedentlich werden auch auf öffentlichen Plätzen Christbäume aufgestellt als der »Christbaum für alle«. Leider wird das Sinnbild des Weihnachtfestes als Blickfang und Dekoration mißbraucht in Verbindung mit pausenloser Berieselung durch Weihnachtslieder.

Christbaumversteigerung

Es ist verständlich, daß Vereine mit der sog. Christbaumversteigerung ihre Vereinskasse spürbar füllen wollen. Muß es aber sein, daß der Christbaum (noch ehe er seinen Zweck als Symbol des Hl. Abends erfüllt hat) vor den Augen der Teilnehmer zersägt wird?

Ein Vorschlag: Schmückt den Christbaum mit dem normal üblichen Gehänge (Kerzen, Kugeln, Äpfeln, Nüssen und Gebäck) und laßt ihn bis zum Schluß der Veranstaltung unberührt stehen.

Die Waren, welche zur Versteigerung bestimmt sind, hängt man an bereitgestellte Äste und Zweige und bietet sie so an. Zum Schluß versteigert man den »ungerupften« Christbaum in seiner ganzen Pracht, gibt dazu eventuell noch Wein, Spielzeug, Würste und dgl. nach Belieben.

Damit werden der gleiche Zweck und die gleiche Wirkung, sicher auch derselbe finanzielle Erfolg erzielt.

Weihnachtsfeiern

So erfreulich es ist, daß Vereine und Betriebe Weihnachtsfeiern veranstalten, so betrüblich ist es, wenn diese in Saufgelage ausarten oder gar mit Tanz verbunden sind. Es widerspricht dem Sinn der Weihnacht, wenn nach besinnlichen Worten und frommen Gesängen ein lautes feuchtfröhliches Gaudium Platz nimmt. Wer diesen Unsinn nicht erkennt, dem sollte man raten, dementsprechend zur Faschingsveranstaltung einen Christbaum in den Saal zu stellen.

Weihnachtskrippe

Unter dem Christbaum findet das »Kripperl« Platz. Auch in den Kirchen wird dieser Brauch geübt, wobei in Anlehnung an das Evangelium verschiedene Szenen der biblischen Geschichte dargestellt werden. Krippenbauer haben seit Jahrhunderten beachtenswerte Kunstwerke geschaffen, die von kultureller Bedeutung sind und tiefes religiöses Empfinden ausdrücken. Die einfachste Krippe der armen Leute und der Kinder stellt das »Kripperl im Fenster« dar. Eine gezeichnete oder gedruckte papierene Vorlage (wie sie beim Verlag Morsak erhältlich ist) mit dem Bethlehemstall, den Figuren der heiligen Familie, der Krippe, mit Ochs, Esel und Schafen wird auf eine dünne Holzplatte geklebt und ausgesägt. Zwischen Sommer- und Winterfenster oder auf das Fensterbrett stellt man die einzelnen Teile nebeneinander auf Moos, Holzwolle oder Watte. Bei uns zu Hause ist auch Brauch, daß die kleinen Kinder an jedem Adventabend, wenn sie tagsüber folgsam ge-

83

wesen sind, einen Strohhalm in die Krippe legen dür-
fen, um, dem Christkind die Liegestatt zu bereiten.

Die Weihnachtskrippe hat ihren Ursprung in mittel-
alterlichen Mysterienspielen. Franziskus von Assisi
(Giovanni Bernardone, geb. 1181, gest. 1226) verkün-
dete das Weihnachtsevangelium in einem Waldstück,
wo er neben eine Futterkrippe einen lebenden Esel
und einen Ochsen stellte.

Um 1600 wurde in der Michaelskirche zu München
erstmals eine Krippe aufgestellt. Die größte Krippen-
sammlung der Welt befindet sich im Nationalmuseum
in München. (Siehe Albert Bichler, *Wie's in Bayern der
Brauch ist*, Verlag W. Ludwig, Pfaffenhofen.) Auch im
Museumsdorf Bayerischer Wald, Tittling, gibt es eine
beachtliche Krippensammlung.

Besondere Aufmerksamkeit verdient die sog.
Pscheidl-Krippe in Regen am Regen. Die Künstlerin
Maria Pscheidl-Krystek modelliert die Köpfe markan-
ter Persönlichkeiten daumengroß aus Baumwollnessel-
stoff und Schneiderwattefüllung in so treffender Weise
nach, daß jede Figur unverkennbar ist. Die Körper der
»Pilger« tragen originalgetreue Kleidung und indivi-
duelles Beiwerk.

Fatschenkindl

Das Christkind in der Krippe wird oftmals als Wickel-
kind dargestellt. Heutzutage bezieht sich der Aus-
druck »Fatschenkindl« eigentlich nur noch auf das
Jesuskind. (Fatschen heißt binden, umbinden,
wickeln.) (Siehe auch die Sammlung im Museumsdorf
Bayerischer Wald, Tittling.)

Christkindl mit Schafen; Eingericht in Pappkästchen; Figuren aus Wachs gegossen, bemalt; Ausgestaltung mit textilen Vorhängen und Blüten, Rauschgold und Flitter; Schauseiten verglast, Verbindungsstellen mit Papierstreifen; 19. Jh. (Foto Museumsdorf Bayerischer Wald)

Heiliger Abend (24. Dezember)

Auf den 24. Dezember fallen die Namenstage Adam und Eva. Damit erfolgt der Brückenschlag vom Sündenfall im Paradies zur Erlösung im Stall zu Bethlehem. Wir Christen gedenken am 24. Dezember der Geburt Jesu. (Siehe Abschnitt »Legenden«)

Der Hl. Abend gilt als Fast- und Abstinenztag. Zu Mittag gab es zu Zeiten unserer Großeltern nur ein mageres Essen, etwa Nudeln und gesottene Kletzen, »Hirgstmilli« und Erdäpfel. Der Vater las die Heilsgeschichte. Mancherorts legte das »Christkind« während der Nacht recht bescheidene Geschenke (Griffel, Schulhefte, das alte Spielzeug, neu hergerichtet, dazu Orangen und Kletzen) vor die Zimmertür oder auf den Gabentisch bzw. um den Christbaum. Leider wird heutzutage das Schenken weit übertrieben.

Der Hl. Abend ist seit altersher den vier Elementen Erde, Wasser, Feuer und Wind gewidmet. Der gläubige Christ vergrub einige der am »Großen Frauentag« (15. Aug.) geweihten Kräuterwurzeln und der beim Erntefest (Okt.) gesegneten Getreidekörner und erflehte vom Himmel den Erntesegen aus der Acker- und Gartenerde. In den Brunnen streute man Salz, damit das Wasser nicht versiege und kein Hochwasser schade. Die Mutter legte eine Scheibe Brot ins Herdfeuer. Das »Feuerbrot« sollte die Glut zähmen, während sie den heiligen Florian um Abwendung einer Feuersbrunst bat. Dem Vieh brachte sie geweihte Kräuter auf einer doppelten Brotscheibe (genannt »Rauhnacht«), um Seuchen im Stall abzuwenden. Damit der Sturm in Hof und Feld keine Unbill anrichte, streute der Bauer Mehl in den Wind und erflehte Gottes Schutz.

Brunna, nimm dös gweichte Salz vo mir,
liaber Herrgott, gib uns s Wasser dafür.

Volksmund

Apfebaam, do host dei Gluat und dei Kraft,
treib s nachst Jahr fei wieder in Saft.

Volksmund

Nußbaam, trag recht schwar,
vej Nuß am Baam is a Buamajahr.

Volksmund

Fußräuchern

Wie sich »Rauchnacht« und »Heilige Nacht« im
Volksglauben verbinden, beleuchtet Max Peinkofer,
Schmiedsohn, Lehrer und Schriftsteller aus Tittling,
mit folgendem Brauch in seinem Elternhaus: »War die
Arbeit getan, die spärliche Nachtsuppe eingenommen
und alles erfüllt, was die heilige Zeit verlangte, so stell-
te die Mutter in der Mitte der Stube ein Gefäß mit glü-
hender Kohle auf den Fußboden und legte Weihrauch
auf die Glut. Mutter, Kinder und Schmiedgesell rück-
ten ihre Sessel an die Glutpfanne, setzten sich im Kreis
um sie und hielten unter stillem Gebet die bloßen
Füße, die alle vorher eigens festtägig gewaschen wor-
den waren, über die geweihte Glut . . . So wurden unse-
re Füße geweiht und gekräftigt für die Wanderung
durch Alltag und Leben.« (Siehe: Max Peinkofer, *Der
Brunnkorb (I)*, Dr. Heinrich Buchner Verlag, Mün-
chen, bzw. Passavia-Verlag, Passau)

Mettengang

Chriſtmette

In früherer Zeit wurde zur Mitternacht, heutzutage schon zu früherer Stunde, die Geburt des Herrn mit dem höchstfeierlichen Mettengottesdienst begangen. In der Vormette werden oftmals Hirtenspiele aufgeführt. (Siehe Anhang.)

Während der Mette bleibt der Bauer oder der Großknecht als Wächter zu Hause, um die Unholde der Rauhnacht abzuwehren und Haus, Hof und Stall vor Feuersgefahr, Gesindel und sonstigem Unheil zu schützen. (Siehe »Textbuch«, 10. Szene.)

Der Daheimgebliebene legte den Mettenbinken (den größten buchenen Holzklotz) in den Kachelofen und stellte die Metzelsuppe (Schlachtschüssel) aufs Feuer, damit die durchfrorenen Kirchgänger eine warme Stube vorfanden und die ausgiebige nächtliche Mahlzeit einnehmen konnten, die sich oft bis in die frühen Morgenstunden ausdehnte. Ganz früher war die »Nachmette« mit viel Lärm begleitet, um die bösen Geister zu verscheuchen.

Noch heute sagt man, wenn es in der Stube gar zu laut zugeht: »Machts koa selchane Mettn!«

Trotz der langen Nacht feierte man den Weihnachtsfesttag mit einem festlichen Hochamt und stapfte nochmals den oft weiten Weg ins Pfarrdorf bei Eis und Schnee.

Chriſtkindlanſchießen

Als ich 1912 auf die Welt kam, trat unser Hausherr vor das Geburtshaus und gab mehrere Gewehrschüsse ab. Nach diesem alten Brauch, die Geburt eines Stammhalters anzukündigen, wird vielerorts auch die Ankunft des Jesusknaben am Heiligen Abend »angeschossen«. Dieser Brauch hängt sicher zusammen mit der Austreibung der bösen Geister, um sie vom neugeborenen Kinde fernzuhalten. (Siehe »Textbuch«, 10. Szene.)

Weihnachtsfeſt (25. Dezember)

Das Weihnachtsfest erinnert an die Geburt Jesu im Stall zu Bethlehem. Andere Länder feiern den Geburtstag Jesu am 13. Dezember (Luzia), an Neujahr oder am 6. Januar. Das genaue Geburtsdatum ist nicht festgestellt, wurde jedoch von den christlichen Kirchen auf die Zeit der Wintersonnenwende festgelegt. Das Weihnachtsfest hat sich leider zum aufwendigsten Feiertag gewandelt, an dem die kulinarischen Genüsse überwiegen.

Die gläubigen Christen begehen Weihnachten mit einem feierlichen Gottesdienst und einem familiären Beisammensein vor bescheidenen Geschenken.

Johannitag (27. Dezember)

Am Tag des Evangelisten Johannes weiht der Pfarrer
Wein, den die Gläubigen mit in die Kirche bringen. Zu
Hause reicht die Mutter den Familienangehörigen den
geweihten Wein, indem sie sagt: »I bring dan scho
zsammtn heilinga Johannisegn!«

Jahresschluß (31. Dezember, Silvester)

Silvester ist der Gedenktag des Papstes Silvester I., der
am 31. Dezember 335 gestorben ist und heiliggespro-
chen wurde.

Am letzten Tag des Kalenderjahres feiert die Kirche
Dankgottesdienst und bittet um Gottes Segen für das
neue Jahr. Von den Türmen erklingen Glockengeläute
und feierliche Musik der Turmbläser.

Wir schreiben Glückwunschschreiben mit den be-
kannten Symbolen.

Die übrigen Bräuche (Böllerschießen, Feuerwerk)
gehen auf den Dämonenglauben heidnischer Ahnen
zurück. Durch Lärm wurden böse Geister und Unheil
abgewendet.

Neujahrstag (1. Januar)

Das neue Kalenderjahr beginnt. Das Kirchenjahr ist
schon vier Wochen alt. Papst Innozenz hat 1691 den
Beginn des Jahres auf den 1. Januar gelegt. Die Römer
hatten den Jahreswechsel auf den 1. März (Martinus)
festgesetzt. Erhalten hat sich auch nach der Kalender-

reform die Bezeichnung »Oktober« (= der achte!) für den zehnten Monat unseres Kalenders, ebenso »November« (= der neunte) und »Dezember« (= der zehnte).

Zur ersten Stunde des neuen Jahres werden im ganzen Land die Kirchenglocken geläutet, Böllerschüsse und Feuerwerke in den nächtlichen Himmel gefeuert. Dieser Brauch mag seinen Anfang im Verscheuchen der bösen Geister (siehe »Rauhnacht«) haben, wird aber heutzutage als ein Gruß an das neue Jahr verstanden. Die katholische Kirche begeht den Neujahrstag als das »Hochfest Unserer Lieben Frau«, das Geheimnis der Ankunft des Erlösers in der Weihnachtsoktav. Die Mutter hängt den neuen Bild- oder Abreißkalender an die Wand, der Geschäftsmann überträgt Unerledigtes in seinen Terminkalender und notiert neue Vorhaben. Geburts- und Namenstage werden vorgemerkt. Wohl sind alle Kalender in ihrer Einteilung nach Monaten, Wochen, Fest- und Feiertagen für uns alle gleich; dennoch aber bekommen sie für den Bauern, den Kaufmann, den Handwerker, den Beamten und Lehrer, den Geistlichen, den Steuerberater, den Bürgermeister, den Jäger, den Hausbesitzer und auch für die Hausfrau jeweils ein anderes Gesicht.

Die Neujahrskarten mit den Glückssymbolen (Hufeisen, Marienkäfer, Kaminkehrer, Schwein und vierblättriges Kleeblatt) sind verschickt. Am Neujahrsmorgen will jedermann seinen Angehörigen und Bekannten »das neue Jahr abgewinnen«, d. h. dem anderen mit dem »Neujahrswünschen« zuvorkommen. Dies geschieht zuweilen so, daß z. B. ein Bursche sich von hinten an ein Mädchen heranschleicht und diesem die Augen zudrückt mit dem Ausruf: »A guats neus Jahr, dös wünsch i dir, wos kriag i iatz vo dir dafür?«

Dem Kaminkehrer, dem Postboten und anderen dienstbaren Geistern schenken wir eine Neujahrsgabe. Früher erhielten auch die Kinder und Patenkinder sowie Ehhalten zu Neujahr ein kleines Geschenk. Dieser Brauch hat sich aber auf Weihnachten vorverlegt.

Man sagt: »Was man am Neujahrstag tut, wiederholt sich das ganze Jahr.«

In der Hauptsache bestimmt die Natur den Jahreslauf. Mit Januar beginnt der Tag wieder länger zu werden: An Neujahr um an Hahnaschrei, an Heilingdreiköni um a Hennakrei, an Vinzenz um a halberts Pfund, an Liachtmeß um a ganze Stund« (oder in anderer Formulierung).

Der Mond schreitet in 13 Monden durch das Jahr.

Die Schmetterlingspuppe bereitet sich auf ihre wundersame Verwandlung vor.

Der Igel hält noch immer seinen Winterschlaf.

Wir aber fragen: Was wird das neue Jahr bringen? (Siehe »Losnächte«.) Und hoffen auf Glück und Gesundheit. Starkes Hoffen macht Unmögliches möglich: »Hoffen verwandlt Stoana zu Brout und laßt an Ochsn kaiben« (kälbern).

Heiligdreikönig (6. Januar)

Einst und in manchen Ländern noch heute als Neujahrsbeginn gefeiert, gilt dieser Tag als das Fest der Erscheinung des Herrn (»Epiphanias«). Der Pfarrer weiht das Dreikönigswasser und Weihrauch. Es ist vielfach noch Brauch, das Haus zu weihen (»auszuräuchern«). Der Vater legt Glut auf eine Kehrschaufel oder in die Rauchpfanne (Kupfergeschirr ähnlich wie ein Schöpflöffel mit Deckel), gibt Weihrauchkörner darauf und geht durch Haus, Stall und Scheune, wobei die Mutter Weihwasser versprengt und an die Tür mit Kreide 19 C + M + B 90 schreibt. Der Volksmund deutet diese Buchstaben für Caspar-Melchior-Balthasar. Die Lateiner lesen daraus »Christus mansionem benedicat« (Christus segne dieses Haus).

Als der kaiserliche Reichskanzler und Erzbischof Reinald 1164 die Reliquien der drei Weisen von Mailand nach Köln überführt hatte, entstanden nach und nach die Dreikönigsbräuche.

Sternsinger

Eigentlich wäre also der Dreikönigstag der Zeitpunkt, an dem die Sternsinger zu recht in der Verkleidung der drei biblischen Könige mit Weihrauch, goldener Schatulle und langem Sternstab ihre Gesangsrunde durch Stadt und Dorf antreten dürften. Aber ein Tag reicht nicht aus, um alle Häuser zu besuchen und einen Spruch anzubringen. Deshalb beginnen sie damit schon um Neujahr oder früher. »Die heiligen drei Könige hochgeborn, die reiten daher mit Stiefel und Sporn. Sie reiten in Judas Stadt hinein mit Perlen, Gold und Edelstein ...« (siehe Karl Mayrhofer, *Ahnenerbe*, Verlag Oldenbourg). Für das »Ansingen« werden sie belohnt.

Zögert die Hausfrau mit dem Gabenreichen, mahnen sie gebieterisch:

Und wenns uns ebbs gem wollts,
so gebts es uns bald,
weil auf enkaner Hausgred
is s Singa alls zkalt!

Spaaschniatzer, Spaaschniatzer,
spreiz d Kuchltür auf.
Köchin do drinnad
schmeiß Krapfa heraus!

Volksmund

Mariä Lichtmeß (2. Februar)

In den mit weißem Leinen ausgelegten Korb werden
Kerzen aller Größen und Verzierungen gelegt, die in
der Kirche für alle Gelegenheiten während des Jahres
geweiht werden. Da gibt es Kerzen für die Taufe, für
den Brautsegen, für die Hochzeit und für den Todes-
fall. Dazu kommen Wachsstöckl, die vor allem bei See-
lenmessen und an Allerseelen/Allerheiligen angezün-
det werden. Sie sind oft reich geschmückt, vor allem
für die Kinder buntfarbig ausgestattet. Die Buben be-
kommen Pfenniglichtl. Für das »Heiakindl« in der
Wiege liegt ein besonderes Wachsstöckl bereit. Zahl-
reiche Kerzen werden benötigt für Paten und Paten-
kinder, für den Mesner, die Ministranten, Kranzträger,
Totengräber, Chorregenten, insbesondere auch für die
Geistlichkeit und die Lehrer, selbstverständlich für
alle Hausbewohner und Ehhalten. Der Knecht muß
der Magd, die ihm das ganze Jahr über den Strohsack
rüttelte, ein wunderschönes Wachsstöckl besorgen.

Am Sterbebett brennen drei Kerzen im silbernen Halter. (Kommunionkerzen werden erst bei der Erstkommunion geweiht.)

Ursprünglich bezieht sich Mariä Lichtmeß auf »Maria Reinigung«. Schon im 4. Jahrhundert wird in Jerusalem die Darstellung des Herrn und Mariä Lichtmeß gefeiert. Dem Gesetz des Moses zufolge war jede israelitische Mutter für die Zeit nach der Geburt eines Kindes »unrein«, d. h. sie durfte nicht im Tempel erscheinen, bis sie ein Lamm und eine Taube oder, wenn sie arm war, zwei Tauben geopfert hatte. Wenn auch die heilige Maria eine Reinigung aufgrund ihrer unbefleckten Empfängnis nicht nötig gehabt hätte, hat sie dennoch zwei Tauben in den Tempel gebracht als Zeichen, daß sie sich dem Gesetz unterwirft und keine Ausnahme beanspruchen will. Maria kam mit ihrem Sohn zum Priester, um Jesus durch die Handauflegung Gott zu opfern. Mit Lösegeld kaufte sie ihn wieder los.

Bekannt ist das Wort des greisen Simeon, als er den Messias schauen durfte: »Nun laß, o Herr, deinen Diener in Frieden sterben.« Von allen Juden waren es nur Simeon und die Prophetin Anna, welche die Göttlichkeit Christi erkannten.

Mit dem Lichtmeßtag endet der Weihnachtsfestkreis. An diesem Tag wurde auch der Christbaum abgeleert, wie es heute nur noch in der Kirche geschieht.

Bauernlichtmeß / Schlankeltage

Zum christkatholischen kirchlichen Brauchtum hat sich der Brauch zum Einstand des nunmehr beginnenden Bauernjahres gesellt. An Lichtmeß zahlte der Bauer den Jahreslohn für seine Ehhalten aus. Bei freier Kost und Logie, gestellter Bekleidung und Unterwäsche fiel die Entschädigung in Bargeld sehr gering aus. An diesem Tage konnten Knechte und Mägde ihren Dienstplatz wechseln. Bauern, die eine neue Arbeitskraft einstellen wollten, begaben sich auf den Dingmarkt, wo sie arbeitslose Dienstboten dingen konnten.

In diese Zeit fielen auch die sog. Schlankeltage (die einzige Urlaubszeit der Knechte und Mägde), die sie zum Besuch der Eltern oder zum Umzug an einen neuen Arbeitsplatz verwendeten.

Vieles vom alten Brauch und von Gewohnheiten ist vergessen und verlorengegangen, wie wir auch sonst brauchtumsmüde geworden sind. Nur zuweilen stecken wir unbewußt in Redensarten und manchem Tun mitten im Afterglauben der Ahnen. Allgemein aber ist unsere Zeit durch Technisierung und Wohlstand phantasielos und nüchtern-kalt geworden.

Es ist zu wünschen, daß Brauchtum und unser gesamtes Kulturgut Erben findet und gepflegt wird, aber auch neue Ansätze zur Stärkung des Gemütes und der Menschlichkeit wachsen.

Legenden

A Wiang fürs Kindl

Zun Zimmermo Josef vo Nazareth kimmt a Engl und redt auf eahm ei, daß er bei da Maria bleim muaß. Er derfats net verlassn a bols in Andre Umständ is. Sei Wei is net fremdganga, wia er in da Aufregung gmoant hädd. Schwanga is s von Heilinga Geist, und es gang ganz rechtmaßi zua.

Und a so verlaßts da Josef net, sei Maria. Und weil er min Holz berufsmaßi umgeh ko, macht er se dro an a Wiang. Bals scho a himmlisch Kindl sei werd, möchts oba aa a himmlische Liegastod hom. Freili, er hod netta iatz sovej Aufträg: a Brucknglanda müaßt er zimmern und etla Deichsl waarn fällig, und a Pferch fürn Jakob seine Esl entahal an Nainer Grom, und was no alls. Do derfad da Tog schier dreißg Stundn hom. Aber d Wiang, d Wiang geht eahm in Kopf um, waar ja dennaschd net zun Ausdenka, bol s Kindl auf d Welt kaam, und mir wissadn net, wo mas hibettn tatn.

Spaat auf d Nacht, stoamüad is er, da Josef, holt er se an etla truckane Bretter her aus da Schupfa. Sans von Maulbeerbaam oder von aran Olivnbaam, i woaß net. Werd scho an extrigs Holz sei für so an bsundan Fall.

Er zeichnat aufn Brettl o, wias in da Größ passn kannt, daß er s richti sagln ko. O mei, de Sog hod ja hint und vorn koan Schneid nimmer. Na, heut ko i s nimmer schleifa, iatz bin i z müad. D Maria moant aa scho, daß an da Zeit waar, er sollt se schlafa leng. Beiara vier Wochen werds eh no dauern, bis s niederkimmt.

An andern Tog geht er, da Josef, ans Feiln. Ja, wos is dös? Wia er d Feil osetzn möcht, spannt er, daß s Sogblattl eh scho an selchan Schlief hod, wiaras akurat a net besser hibraacht. Er sinniert und sinniert. No ja, de Heinzlmännchen vo Köln hods selmoi no net gem und d Schrazl vo Arnschwang im Boarischen Wald schier aa net, daß *de* ebba d Sog über d Nacht gfeilt häddn. Is s wias mog, so leicht hod se da Zimmermo no nia net min Sagln do. Wia gschmiert is s ganga.

An andern Tog schlaunts wieder a so. Und es dauert gar net so lang, san die Seitnwanga firti, dann s Kopfteil und s Fuaßteil netta aa a so. Sched no d Schauklböng braucht er no, dann is d Wiang firti, und omaln is dann a leichts Macha.

Iatz reißtsn um. Steht do net an andan Tog d Wiang mittn in da Werkstod, poliert, ogfabed und etla Schnitzereien sehgd er aa no — is dös net zun Schreia. A selchas Wunder! Er wollt da Maria d Wiang net glei zoang, ehs in Kindsbett liegt — aber do, do konn er se nimmer halt'n. Und d Maria streicht an Josef über Glatzn. Is konns s Woana nimmer halt'n.

De Heili Famili auf da Hoamroas vo Ägyptn

Is scho a guate Weil ogstandn, daß da Josef und d Maria aufn Rat vom Engl auf Ägyptn glotsd san worn zwengs an Herodes, der de Unschuldign Kinder umbringa hod lassn.

Wieder kriangs a Botschaft von Himme, daß d Luft sauber waar, auf daß auf Nazareth hoamkehrn kanntn. Dahoam is dahoam, werd an iada song, der in da Fremd sei muaß.

Aber um Jerusalem machans sicherheitshalber an weitn Bong, bol aa da Herodes scho gstorm is, aber an Archelaus, sein Buam, is aa net ztraun.

Angst möcht da scho wern, bols da de Streck oschaugst, vo Ägyptn bis aufe auf Galiläa, dös is da dennascht netta wia vo Südtirol bis her zun Boarischn Wald. Und dös alls z Fuaß, muaßd da denka, zwischneine freile aa aufn Ruckn von Esl. A Strapaz is da dös scho! Wias ös no dapackan. Und an Buam hams ja aa no zun Mitziahng. Wos der iatz scho als Kloana mitmacha muaß! Is s ebba scho a Stückl von Kreuzweg.

Do kimmt scho an heilingmäßign Mo da Grant. »Dahoam staandd dArbat o«, balvert da Josef in sein Bart eine, »und grod zweng an Herodes, dem Haderlumpn, ham ma den Umweg macha müassn. Solln do hoamgeh, de miserablichn Römer! Freßn und saufan auf unsane Köstn. D Steuerschraum setzns uns o, s letzt Pfoad ziahngs uns aus und aussaugn tans uns, daßd schier verreckst!« Oho, Josef, so kenn ma de ja gor net, bist do a solchas stads Mandl, wia ma hört. Wos is an in di gfahrn! Konn mas eahm net verdenka, wos de Römer de Judn odo ham de ganzn Jahr, seit s Land bsetzt holtn. D Maria aber bringt an Josef scho wieder ins Gleichgewicht. Is, de guat Seel, kimmt eahm kloaweiß bei und frischt d Erinnerungen an de schön Stundn auf: »Schau, Josef, du derfst de net versündign vor unsan göttlichn Kind. Wos is dös für a Jubl gwen, selmoi in Stoi. Hörstn net no den Englsgsang, dös Alleluja! Wia hod uns do s Herz gschlong vor lauter Freud! Und d Hirtn erst, de arma Manner, ham eahnane Gschenka, Schafwoll und warme Deckan, vor Krippm higlegt. Denk zruck, Josef, wia se da alt Simeon gfreut hod, daß er an Jesus in d Arm nehma ko, ehvor er sterm muaß . . .'' Und dMaria malt alls, wos an Glück und Freud auf se niedergfalln is von Himmi, mit de schönstn Farm aus, daß an Josef sei Gsicht wieder manierle wird. Waar ja dennascht aus, bol er net an Vergeltsgod übrig hädd, zsammt sein Jammer, wia eahm d Maria sel Gold und an Weihrauch und de Myrrhen zoagt, dös von de drei Professan ausn Morgnland gschenkt kriagt ham.

»Schau, Josef, wia guat san de Leut gwen, de uns auf da Streck a Hilf gwen san und uns a Herberg gricht ham«. Und sie strahlt.

San scho etla Togroas weiter. Netta am Saam vo da Wüste Juda tränkt grod a Karawane seine Kamel beiara Zistern im Schattn vonara etla Baam. Und etla Hirtn haltn eahnane Schof zsamm, daß koan Striet net gibt mit de Kameltreiber. De rauchen koan guatn net, bol er ebbs dazwerch kimmt.

Josef und Maria kehrn do aa ei bei dera Oasn. Is eh scho Zeit, da Bua muaß gwickld wern, und vo de Schofhirtn ko ma a frischzeidlde Milli hom fürs Jesuskind und für se zwoa selm aa.

Da Josef nimmt a Haferl und geht zu de Hirtn umi. De san recht kommod und a so kemmans auf an Ratsch. Gibt ja vej zun dazähln. Do spannt da Josef, daß se a Hirt recht um a Schoferl onimmt, und der verzählt eahm, daß dös Betzerl scho drei, vier Tag niggs trinka und niggs fressn wej, und daß verrecka müaßt, bol eahm da Medikus in da Stod, woaßt om in Engeddi, net helfa kunnt. Da Hiatabua is voller Jammer um sei Schoferl.

Da Josef moant, daß do a Kräutlsud vo de Kaktus nutzn müaßt, wias vertn sogor sein Esl guat to hädd. Aber na, dös hädd da Hirt eh scho versuacht.

Wias na s Betzerl allweil ärger beutld, nimmt er an Hirtn mitsamtn Schof mit zu sein Wei in da Meinigung, daß d Maria ebba a bsonders Rezept kenna tat, wo do d Weiber in selchana Sachan allweil gscheida san.

Da Maria tuats glei ins Herz eine weh. So ebbas armseligs, do muaß do gholfn wern. Mitleidi streichlds an Schoferl übern Buckl. Do is s, als tat s Jesuskind dös mitkriang, und scho glangst mit sein Handderl aa ume zun Schaferl sein Kopf — ma möchts net glaum, daß a Kindl in den Alter scho so aufgweckt is. Ma konn ja net eischaung in so a Kinderherzl, wissn möcht mas ja scho, wos in an Hirn vo an so an kloan Menschn vor sich geht. Is s, wias is, dös Schoferl tuat an Blöka, richt se auf, hupft an Hirtn ausn Arm, beutld se und scho hupfts wia a Goaßbockal um an Esl ume.

Alle drei schaung se o — is iatz dös mögli, daß dös marode Schoferl auf oan Aungblick bumbalgsund is?

Maria und Josef aber wissns: Er ist Gottes Sohn.

Spiel zur Vormette

Greisinger Hirtenspiel Adveniat

Mitwirkende: 3 Hirten, 1 armer Mann, 1 Sprecher, 1 Singgruppe, 5–10 Kinder als Rufer in der Not, 5–10 Gabenbringer aus der Kirchengemeinde.

1. HIRTE *(allein) mit einem Schaferl unterm Arm:* Da Hohepriester hod gsogt, es kaam a Stern, a Komet, über unser Land, und der zoagat an Messias o. I sehg aber koan Stern. Stockhagelfinster is s, und i tapp scho de halbe Nacht wiar a Blinder umanand. Waar so froh gwen, bol ma a Stern a Liachtn brocht hädd. s Schoferl hod se verlaufa ghabt. Und wenns net so gottserbärmli plärrt hädd, hädd i s iatz ebba no net gfund, dös arme Bodschal. Gel Betzerl, gel, bist froh, daß d wieda beim Hirtn bist.
Geh, gehng ma — lass ma s guat sei mit dem Stern . . . *Geht ab — hinter den Altar.)*
2. und 3. Hirte mit Laterne treten herzu.
2. HIRTE: Irgend ebbas liegt in da Luft. So a Unruah hob i in mir. Do stimmt ebbas net. Allweil moan i, i müassat heit no weit geh. I halts nimmer aus do. Wos sogst du, Thomas?
3. HIRTE: Mir is s grod, als hörat i allweil a Wimmern, a ganz a wehleidigs Woana — vo ganz weit furt kimmt dös her — und dann wieda is s ganz nachat [nah] do, wia wenn neba mir a Kind schreiat — und is koans do.

103

Sehgst du oans, Seppei? Hörst as, dös san ja mehra, a
zehne ebba. Seppei lus, dös san no vej mehra, hundert,
gor tausad!

2. HIRTE: Geh, iatz hods de net recht. Wo ebba dö tau-
sad Kinder waarn. Du traamst, Thomas! I moan, mir
müassen uns a wengal hilegn und schlofa. Mir san z
müad.

3. HIRTE: Do leucht her, Seppei; is do net a Strohhaufa!
Dös gibt a Liegastatt. Legn ma uns hi!

(Beide Hirten legen sich auf das Stroh und schlafen ein.)
Ein Mann ist unterwegs, ärmlich gekleidet, barfuß in
Holzschuhen, eine Wasserflasche am Gürtel.

MANN: Was ist mein Leben, ohne Heimat, ohne Ver-
dienst, ohne Brot! Meine Kinder jammern und bet-
teln. Was ist das für ein Leben. Und andere leben im
Wohlstand und wissen nicht, was das bedeutet.

5-10 Kinder kommen aus beiden Türen seitlich vom Al-
tar (in weißen Hemden).

KINDER *strecken die Arme nach oben und rufen:* Hunger
— Hunger — Hunger . . .

MANN: Millionen sterben in der Dritten Welt den
Hungertod. Millionen verderben. Millionen verzwei-
feln an der Ungerechtigkeit in der Welt.

KINDER: Hunger — Hunger — Hunger.

STIMME *von der Empore (oder Sprecher am Ambo liest*
aus der Zeitung): Hört ihr die Rufe aus Vietnam, aus In-
dien, aus Pakistan, aus Afrika und aus Südamerika. Sie
sind fern, weit von uns, aber wir lesen in der Zeitung,
wir hören sie im Rundfunk, wir sehen sie — ganz nah
— im Bildschirm — oder seht ihr sie nicht?

Wo sind die helfenden Hände? Wo sind die erbarmen-
den Herzen?

KINDER: Adveniat — Adveniat — Adveniat!

Aus den Kirchenstühlen kommen (10) Kinder, (10) Erwachsene und legen Brot, Früchte, Opfertüten, Gewänder u. dgl. vor den Altar.

1. KIND: In meiner Klasse sind Türkenkinder, wir spielen und lernen mit ihnen.

2. KIND: In der Nachbarschaft liegt ein gelähmter Bub, wir lesen ihm Geschichten vor!

3. KIND: Dort wohnt eine alte kranke Frau. Wir holen für sie Essen und flicken ihre Wäsche.

ALLE KINDER: Wir wollen helfen, wir wollen helfen in der Not. Helfen — Helfen — Helfen ...

1. HIRTE: Iatz sehg i an Stern! *(Stern leuchtet auf.)* Iatz is er aaf oamol do. Er leucht, ganz hell leucht er. Und mit sein Schwoaf zoagt er obi aaf an ganz windign Stoi.

STIMME *von der Empore oder Sprecher am Ambo liest aus der Schrift:* Es kam für sie die Zeit der Niederkunft, und sie gebar ihren Sohn, den Erstgeborenen, wickelte ihn in Windeln und legte ihn in eine Krippe, weil in der Herberge kein Platz für sie war ...

1. HIRTE *(weckt die Schlafenden):* He, Thomas, he Seppl, wos is, hörts es net, lusts!

STIMME: Fürchtet euch nicht, denn ich verkünde euch große Freude: Heute ist euch der Retter geboren.

GESANG *von der Empore.*

2. HIRTE: I hobs enk ja gsogt. I hob a so a Unruah in mir. Iatz wiss mas, und mir gehng ma iatz obi in den Stoi zu dem arma Kindl.

3. HIRTE: Aber was bring ma eahm nacha?

1. HIRTE: Do is ja ebbs fürs Kindl, Brot, a Milli, a Gwandl, Windeln ...

2. HIRTE: Wo is iatz dös aaf amol herkemma, wia ma mir gschlafa ham?

3. HIRTE: Wo s herkemma is, is net wichti, grod daß do is. Is gwiß alls in Gotts Nam gschenkt worn. Wia werd si do s Kindl gfreun, wenns so guate Menschen gibt.

1. HIRTE: Und i gib eahm mei Pelzhaubm und mei Schaferl.

STIMME: Was ihr dem Geringsten meiner Brüder tut, das habt ihr mir getan. Brot für die Welt! Wenn jeder gibt, wenn jeder hilft, wird das Elend in der Welt vergehn. Und Gottes Stimme wird laut in unserem Herzen und vor der Tür der Gottlosen, daß ihre Unbarmherzigkeit in Mitleid verwandelt wird.

Orgel stimmt ein. Währenddessen wird die Krippe enthüllt oder das Fatschnkindl aufgelegt. Gesang beschließt die kurze Andacht.

Deggendorfer Rauhnacht

Szenische und pantomimische Darstellung
des vergessenen Winterbrauchtums

Luzia · Wilde Jagd · Blutiger Thomas
Hexen · Gespenster · Drud · Teufel · Habergeiß
Wolferer und Rauhwuggl

TEXTBUCH
Autor: Franz Kuchler
Regie: Hartwin Kuchler

Die DEGGENDORFER RAUHNACHT wird alle zwei Jahre
zur Adventzeit in Deggendorf aufgeführt

Eine Aufzeichnung der DEGGENDORFER RAUHNACHT
ist über den Verlag Museumsdorf Bayerischer Wald/
Georg Höltl, 8391 Tittling, erhältlich

Deggendorfer Rauhnacht

Spielablauf

An die 90 Mitwirkende bemühen sich um eine gedie-
gene Darstellung des Winterbrauchtums vergangener
Zeit. Dabei sind nur jene Bräuche aufgenommen, die
verloren und vergessen sind. Wenn diese heute noch in
der Bevölkerung lebendig wären, dürften sie nicht auf
der Bühne dargestellt werden (Wilde Jagd, Luzi, Bluti-
ger Damerl, Drud, Teufel, Hexen, Habergeiß usw.)

Die Bühne ist zweigeteilt: In der Bauernstube ver-
sammeln sich nach und nach Bauer, Bäuerin, Groß-
knecht, Großmutter, Kinder und Ehhalten und die
Musikanten zum Hoagarten. Dabei wird erzählt, ge-
sungen und musiziert, gestrickt, genäht und gespon-
nen. Auf der Waldblöße wird (pantomimisch, ohne
Worte) das Geschehen nachgespielt und veranschau-
licht, über das in der Bauernstube berichtet wird. So
erleben die Zuschauer den Rauhnachtsspuk mit. Erst
in der Heiligen Nacht, wenn alle zur Mette gegangen
sind und nur noch der Großknecht Hauswache hält,
wird auch die Bauernstube selbst zum Schauplatz des
wilden Treibens, bis es zur Erlösung kommt und der
Bethlehemstern aufleuchtet.

ZUR EINSTIMMUNG tritt ein alter Hirte auf, der
auf der Mundharmonika spielt. Ihn begleitet ein jun-
ger Hirte, der Zwiesprache mit seinem Schaferl hält,
das er auf dem Arm trägt.

Es schneit. Mägde kehren den Schnee vor dem Haus

zusammen, während sie »Da Winter fallt ei« singen. Ansinger verkünden den uralten Rauhnachtsspruch »Heut is Rauhnacht«. Damit beginnt die Spielfolge:

1. Szene: LUZI (13. Dezember). Auf der Waldblöße erscheinen Schulkinder, werfen Schneebälle und necken sich. Die Luzi (eine scheuchtsame Frauensperson) geht sichelwetzend durch den Zuschauerraum. Die Kinder hören das Sichelwetzen und flüchten geängstigt ins Haus, wo sie die Großmutter beschwichtigt, ihnen aber ihr eigenes Luzierlebnis erzählt. Inzwischen füllt sich die Bauernstube, und der Hoagarten nimmt seinen Lauf. Die Mägde singen »Zur Rockaroas san ma beinand«. Ein Musikant spielt auf.

2. Szene: WILDE JAGD. Der Großknecht tritt ganz verstört auf und erzählt seine Begegnung mit dem Wilden Jäger. Zur Beruhigung der Gemüter spielen die Musikanten auf.

3. Szene: BRECHHAUS. Eine Magd schildert das Erlebnis der Ringelstetter Miaz, die in der Rauhnacht verbotenerweise zum Spinnen ins Brechhaus gehen wollte, dort aber Gespenster traf.

4. Szene: HABERGEISS. Unvermittelt stürzt die Habergeiß in die Bauernstube und erschreckt die Hoagartler. Musik beschwichtigt sie.

5. Szene: AUSBUTTERN. Eine Magd erzählt, wie ihre Großmutter beim Ausbuttern Bekanntschaft mit dem Teufel macht. Männer singen ein »Teufelsgstanzl«.

6. Szene: DRUD. Wir hören vom Bauern, wie ihn die Drud gedrückt hat. Seine Mutter hat ihn vom Spuk befreit, indem sie das Drudenkreuz auf die Bettstatt malte. Musik lockert die Stimmung.

7.-9. Szene: BLUTIGER THOMAS (DAMERL) (21. Dez.). Er streckt sein blutbesudeltes Bein in die Stube und bekehrt die Sünder, den Saufbruder, den Wilderer und den Grenzsteinverrücker. Zusammengefaßt werden diese Rauhnachterlebnisse in dem Lied »Saufbruader, Wilderer, Moastoaverrucker«.

10. Szene: METTENNACHT. Der Bauer läßt das Paradeisl zusammenbauen, die Mutter versorgt das Vieh im Stall mit Brot und geweihten Kräutern, die Mägde zünden die Kerzen auf dem Marienaltar und am Adventskranz an, stellen eine Schüssel mit Backwerk für die Armen Seelen vor die Tür, legen den Mettenbinken, die Mettenwürste und die Bibel bereit. Die Stube leert sich, alle gehen zur Mette aus dem Haus. Nur der Großknecht bleibt als Hofwächter in der Stube zurück. Er liest laut das Weihnachtsevangelium und schläft ein. Drei gute Geister stellen sich schützend hinter ihn.

TEUFEL löschen alle Kerzenlichter. HEXEN führen einen wilden Tanz auf.

Beim CHRISTKINDLANSCHIESSEN erwacht der Knecht. Er will die Unholde vertreiben und schreit nach Hilfe. Holzmandl und Wolferer stürzen lärmend durch den Saal und in die Bauernstube und verscheuchen Teufel und Hexen.

AUSKLANG: WEIHNACHT. Der BETHLEHEMSTERN leuchtet auf. Der Spuk ist beendet. Wir vernehmen das Lied »Da Stern von Bethlehem leucht auf uns nieder«.

Der junge Hirte tritt aus dem Wald, wieder mit seinem Schaferl auf dem Arm. Der alte Hirt spielt eine himmlische Weise, während der junge Hirte die göttliche Botschaft verkündet und sie auf die heutige Zeit ausrichtet: »Kennts a Liacht o, wenns finster is in irgend a Seel«. Nach dem Lied »Da Hirt wej uns weisn«

erklingen die Kirchenglocken und das Lied »Weihnacht, heilige glorreiche Zeit«.

ZUM BESCHLUSS singen alle den »Advent-Andachtsruf«.

Die DEGGENDORFER RAUHNACHT versinnbildlicht damit die scheuchtsame Zeit, die auch in unseren Tagen erfüllt ist von teuflischen Gefahren, ihre Entspannung aber in der Liebe zum Nächsten und im Glauben findet.

Der gesamte Sprech- und Liedtext (außer »Heut is Rauhnacht« und »Andachtsruf«) stammt von Franz Kuchler. Die Vertonung der Lieder erfolgte durch Engelbert Kaiser, Manfred Fuchs, Sepp Hartl, Hubert Kellermann und Sepp Raith.

Die DEGGENDORFER RAUHNACHT ist als Kassettenaufzeichnung erschienen, zusammengestellt aus der Aufführung 1987 und Studioaufnahmen. Regie: Hartwin Kuchler.

Textbuch

Auf der Waldblöße.

EINSTIMMUNG

Gedämpftes Saallicht, gedämpftes Licht auf der Bühne. Alter Hirte kommt aus der Waldblöße, spielt auf der Mundharmonika. Junger Hirte kommt hintendrein, hält Schaferl im Arm. Geht zur Mitte der Bühne, redet mit seinem Schaferl.
ALTER HIRTE *setzt sich auf einen Baumstumpf, stützt seinen Kopf in seine Hände.*
JUNGER HIRTE *spricht mit seinem Schaferl:* O mei, Lampe, schaug no grod hi, wias an altn Simmerl wieder umanandatreibt. Er kanns halt net versteh, daß iatz a andane Zeit is. Woaßt, de Leut ham koan Glaum nimma. Und wo da Glaum stirbt, do sterm aa de altn Bräuch.

Allweil wieder hod ma da Simmerl verzählt, wia frühas in de Rauhnächt alles umrührad gwen is, woaßt mit da Luzi, mit da Wildn Jagd, mitm bluatign Damerl, und erst mit de Hexn, mit de Teufel und Gspenster. Konnst da denka, daß do Kinder in da Adventszeit vo oan Schrecka in andern gfalln san.

Lampe, lus, iatza waarn wieda de Täg. Du verstehst ja aa niggs davo. Aber da alt Simmerl dalebt iatz no de Rauhnächt, in Gedanken. Ganz sinnla is er, schaug na grod o, ganz wehleidi is eahm ums Gmüat! Woaßt wos, Lampe, mir nehma iatz an altn Simmerl mit in unsan Schafstoi, daß er uns vo de Rauhnächt verzählt, dann wirst as du aa inna, wias frühas gwen is.

112

JUNGER HIRTE *klopft mit dem Stab auf den Boden:*
Kimm, Simmerl, wach auf, geh ma iatza!
*Junger Hirte nimmt den alten Simmerl an der Hand
und führt ihn durch die Waldblöße ab.*
Galerie.
ANSAGE:

> Da Simmei steht auf, se gehngan mitnand,
> er weisdn zun Stoi, holt Wasser von Grand.
> Da Alte verzählt, wia d Rauhnächt san gwen,
> da Jung und sei Schaf, se hörn na gern ren.
> Da Simmei, er braucht net wehleidi sei,
> es wird scho alls guat geh, schickt ma se drei.
> Bol *er* dös verzählt, wos selmoi is gschehng,
> dann könn mar aa *mir* de Unholdn sehng.

Galerie.
ANSINGER:

Heut is Rauhnacht

Volksgut

In freiem Rhythmus

heut is Rauhnacht! Wer hods aufbracht? A al- ter Mo
heut is Rauhnacht! Leut gebts o - bacht! Do geht de Wilde Jagd

is ü- ber d Stiang oi - kro-cha hod se Birl und Boal o-bro-cha.
Bleibts heut Nacht in en- kern Haus. Gehts bloß net in d'finstern naus!

· d'Schüssln hör i kli-nga, Krapfa werns uns bri-nga.
Weil sunst da Wil- de Jaga kimmt und enk bei de Zottn nimmt.

Kra- pfa her-aus oder i stich enk a Loch ins Haus!

Neben der Bauernstube.
Wind heult. / Starker Nebel zieht auf. / Schneeflocken
fallen auf die Bühne.
MÄGDE *kehren Schnee zusammen und singen:*

Da Winter fallt ei

Wort: Franz Kuchler
Ton: Engelbert Kaiser

Da Winter fallt ei, iatza wachads grod gnua, es drudet alle
Geh, Liesl und Kath, schiama d'Schneewachtn zsamm, liegt vej auf da
Mia is aa net wohl, wo de Kinder bloß bleim, se solltn se

Baam, alle Wegerl wahds zua. Mia san-ma ver- lorn do her-
Gred,¹⁾ möcht mei Ruah nacha ham. Mia schaufen an Schnee ei in
schlaun,²⁾ sonst tuals d'Luzi hoam-treim. De heutige Nacht is a

om auf da Höh, ja dös is a Plag, weil da Winter tuat weh.
Grom hintern Stoi, schaug, Wolkn ziahng her über Bugl und Toi.
schierliche Nacht, auf unsana Öd ham de Unholdn d'Macht.

1 *Gred* = Vorplatz des Hauses (meist gepflastert)
2 *schlaun* = beeilen

114

Spielfolge

1. Szene
LUZI, 13. Dezember
Galerie.
ANSAGE:

Ja, d Rauhnächt schlupfen untern First,
daßd um dei Nasn kaslad wirst.
Sie kragln eine in dei Stum[1]
und boußn, tremmeln in oan Trumm.
An Schrecka jongs da ei ins Hirn,
ja bis ins Herz ei tuast as gspürn.
Und Teufelsgeing spejt auf zun Tanz,
da Fankerl schlagt an Takt min Schwanz.
Wos glaubst, wos dös is für a Graus,
do fürchst da in dein eigna Haus.
Do gfreust di, bols guat außigeht
und morng dei Hiaba no do steht.
De Luzi kimmt, dös wird a Hetz,
se wetzt sei Sichl in da Flez[2].
An Bauch schlitzts enk auf, s schiache Wei,
und Glasscherm hods in Korb dabei,
dö schoppts mit Gwalt in Bauch enk ei,
ja Deandla, do könnst enk aft[3] gfrei!
Wißts scho, daß de enk allsamt findt,
und nia vergibts enk enka Sünd;
do hilft koa Himfazn[4], koa Plärrn,
do bist verratzt, tuast dera ghörn.

115

Auf der Waldblöße. Schulkinder mit Schulranzen kom-
men aus der Waldblöße; sie necken sich.

Bub: Heut tuat de Kältn beißn, mi frierts in d Füaß
und aa in d Händd, und s Gsicht, dös möchts ma eh
glei zreißn.

Bub: Geh, Gfrealing, jammert net lang. San ma froh,
daß d Schul aus is! Wos ebba i s Einmaleins brauch, wo
i do amoi a Roßhandla wer.

Mädchen: Und i hädds ja scho gor net nedi[5], weil i
wer a Köchin.

Bub: Richt ma uns a paar Schneeballn her, bol Deandla
kemman!

Bub: Jessas, iatz kemmans eh scho daher! Warum
seidsn öhs no net dahoam!

Buben werfen Schneeballen auf die Mädchen.

Bub: Schaugts, daß zu enkara Muadder kemmts, wird
scho finster, und d Luzi is gwiß scho aufn Weg! Heut
is da Luzitog!

Mädchen: D Luzi tuat uns niggs, mir san ja brav gwen,
und glernt ham ma aa besser wia öhs Buama!

Bub: Ha, daß i net lach! Host an du net da Leitner Marl
sei Gstrickts in da Wuat auftrennt, wias selmoi
gstrittn habts?

Bub: Host an du net an Konrad verstohlns a Briafal un-
ter da Bänk zuagsteckt mit an Herzerl drauf? I hobs
scho gsehng!

Bub: Und a Bussal host eahm aa gem hinter da Stiang.
Moanst ebba, daß dös d Luzi net inna worn is?

Mädchen: Mei, wia der lüagt, dös sog i an Katechetn.
Und überhaupts hädd eahm dös net weh to, bol i eahm
wirkli a Bussl aufidruckt hädd!

Bub: Sehgst as, iatz gibts es scho zua aa. I moan allweil,
heut hods di!

MÄDCHEN: Wos öhs ogstellt habts, dös is vej irga! S Fenster habts bein Kramer eigworfa.

BUB: Öhs Deandla seids es gwen. Solchana Lüangschüwi! Dös wenn i da Luzi sog! Heut packt enk d Luzi, dös is gwiß!

Ein Schulmädchen kommt dazu.

BUB: He, wo kimmst iatz denn du her?

MÄDCHEN: I bin no in da Strickstund gwen. Do ist s allerweil schö, weil, do derf ma aa amol lacha. — Schaugts her, wos i gstrickt hob! Dös ghört für mei Muadder, de werd schaung und se gfreun. I tua aa no Söckl stricka fürn Großvadder, der braucht warme Füaß, weil, er müaßt sonst allweil im Bett drin lieng bleim. Iatz schlaunts⁶ enk, ehvor d Luzi kimmt!

MÄDCHEN: Ätsch! Mi dawischt d Luzi net mit sein langa ströhwan⁷ Kittl, und mit de linkischn⁸ Schuah konns scho gar net hatschn! I ko roasn wia a Wiesl!

MÄDCHEN: Und i aa! I bin aa net de Langsamste!

Luzi geht sichelwetzend durch den Saal; kommt nahe an die Bühne heran.

BUB: Lusts! D Luzi! Iatz kimmts scho aa!

ALLE MÄDCHEN: Aus is! Zenz, Kathl, geh roas ma!

BUB: Iatz kriangs Füaß, d Weiba, ha, ha, ha!

Mädchen laufen in die Bauernstube.

BUB: I moanat, mia gehngan aa hoam!

Buben gehen durch den Wald ab.

Bauernstube.

Luzi in der Nähe der Bauernstube; wetzt noch immer fest die Sichel; geht dann durch den Saal ab. Kinder stürzen in die Bauernstube und suchen Schutz bei der Großmutter! Großmutter sitzt am Tisch und näht auf der Nähmaschine.

MÄDCHEN: Gel, Großmuadder, d Luzi laßt d net eina in d Stum.

GROSSMUTTER: Wos moantsan, Kinder, i werd enk do dös net otoa. Is scho wahr aa, irga wia da Niklo is d Luzi allweil scho gwen. Als Kloana hob i an schön Schrecka kriagt zwengs da Luzi.

MÄDCHEN: Ja, verzähl, bevor dLeut in Hoagartn kemman.

GROSSMUTTER: Mei Muadder is net dahoam gwen, i moanat auf an Ratsch bein Nachbarn drent, da Vadder hod in Troadkastn ent s Korn umgschaufed und d Mitterdirn is in Stoi[9] draußd bein Zeidln[10] gwen. I, i hob grod an Buachabinkn in Kachlofa nochleng wolln, daß warm bleibt. Auf oamal hör i s Sichlwetzn. Und scho kimmt d Luzi bei da Tür eina, fredi is s auf mi zua! Aus is s! I hädd koa Tröpfal Bluat net gem, a so bin i daschrocka, könnts enk denka!

MÄDCHEN: Und?

MÄDCHEN: Wos is an aft[11] passiert?

GROSSMUTTER: I hob dös Holzscheitl da Luzi ins Gsicht gschmissn und bin auf und davo!

MÄDCHEN: Sauber, do bist aber flink gwen!

MÄDCHEN: Und d Luzi?

GROSSMUTTER: An Plärra hob i no ghört, und sei weitscheibada Huat is aft aufn Stumbon gleng. Den ham ma in Sommer da Feldscheich[12] aufgsetzt. Hamma oft an d Luzi denka müassn. Aber gsehng hamma d Luzi nimmer.

MÄDCHEN: Gott sei Dank, daß so guat außeganga is, sonst waarst ebba net unsa Großmuadder worn, wenns da an Bauch aufgschlitzt hädd! Gel?

GROSSMUTTER: Ja, Deandla, und öhs waards ebba aa net do, und mir hockadn aa net so schö beiarananda. Aber

118

iatz is s Zeit, is scho spaat. Gehts außi in Kuchl, do steht enka Nachtsuppm in da Ofaröhrn.

MÄDCHEN: Gel, Großmuadder, aber d Luzi laßt d net eina!

GROSSMUTTER: Na, na, gehts no auße, i laß d Luzi net eina!

Kinder gehen ab in die Küche.

BAUER *tritt ein:* Grüaß di, Muadder.

GROSSMUTTER: Grüaß di.

KNECHT *tritt ein:* Ja, d Muadder is aa no do!

GROSSMUTTER: I bin glei furt!

HÜTBUB *setzt sich an den Tisch:* Grüaß God beinand!

Nachbarin kommt mit Spinnrad in die Stube.

MÄGDE *stellen Bier und Kaffee auf den Tisch und singen:*

Zur Rockaroas san mia beinand

Wort: Franz Kuchler
Ton: Engelbert Kaiser

Zur Ro-cka-roas san mia bei-nand, da Mo-schei durch de Fenster zahnt,
J sog Grüaßgoll, ös lia-bm Leut! Wos glaubts, wia mi dös sakrisch gfreit,
Bol s Spinnral vo de Deandla surrt und drinn im O-fa steu-er burrt,

her-in-ad is schö bachal-warm. Wer draußd sei muaß is wahrli arm.
weil un-sa Stum is gramelt voi. So-gor de Nach-barsleut vom Toi
dann laßt se gem a Gschicht o-hörn; bals aa a Lug is, hörn mas gern.

Und Ess-n, Trin-kals hamma gricht, aft zoagls ma öhs koa han-tigs Gsicht.
gem uns mit eahnan Bsuach de Ehr, und an-der san no wei-das her.
Und d Mu si spei an Landla auf, da Gir-gl, der warl eh scho drauf.

119

1 *Rockaroas*	= Heimabend der Mägde mit dem Spinnrad (Rocken)
2 *Moschei*	= Mondschein
3 *zahnt*	= lacht
4 *bachalwarm*	= gemütlich warm
5 *aft*	= dann
5 *grameld*	= übervoll
7 *Toi*	= Tal
8 *bol*	= wenn
9 *Spinnral*	= Spinnradl

Musikant nähert sich mit der Ziach, spielt im Saal ein kurzes Stück und betritt die Stube.
Musik.

2. Szene
WILDE JAGD
Galerie.
ANSAGE:

> Da Großknecht kriagt a elends Gschär;
> de Wilde Jagd kimmt eahm daquer.
> Mit Krohan und an Dutzad Hundd
> reit er daher, da finsta Kundd.
> Er schlagt an Donner, daß alls kracht
> und blost an Sturm mit aller Macht.

Wind heult.

Bauernstube.
Der Großknecht tritt ein, er ist ganz verstört.
Während der Großknecht erzählt, wird auf der Waldblö-ße entsprechend der Erzählung die Begegnung mit der Wilden Jagd pantomimisch dargestellt.
GROSSKNECHT: Meinse Leut[13], wos i dalebt hob! I bin no ganz verdraht[14]. Geh i do ganz fidel vom Bräu

120

hoamzua, wißts sched[15] über dLeitn[16] oba, und wia i ganz nachat bein Ederhölzl hibei bin, hör i an mordsmaßign Donner.

Blitz — Donner — Wind.

GROSSKNECHT: Und blitzn tuats in oan Trum. Hob ma weidast niggs denkt, hod ja scho öfters a Wedder[17] ghabt in Winter. Da Wind pfeift, daß i mein Huat weit einaziahng muaß. An Überzieher[18] knöpfed i fest zua.

Hunde bellen.

GROSSKNECHT: Da hör i Hundd belln, so greisle scho, daß i so ebbas no nia net dalebt hob. Müassn gwiß a Dutzad solchana Hundsviecha gwen sei, netta[19] über meiner.

Krähen schreien.

GROSSKNECHT: Meinse Leut, dann erst de Krohaviecha[20], de san um mi umi, daß i kaam no aussehg, und is eh scho so finster. An Huat hauns ma oba mit eahnane Flügl.

HÜTBUA: Hast an Rausch ghabt?

GROSSKNECHT: Kunnt scho sei, daß i a weng zvej gsuffa[21] hob, aber sel hädd ma niggs ausgmacht. Hörts zua: Da siehg i, auf oamol an Reiter auf an Schimmel, netta über meiner! Wos moanst, wia i daschrocka bi.

HÜTBUB: Hast as mit da Angst kriagt, ha?

GROSSKNECHT: A, na, im Gegnteil, aufegschrian hob i zun Wildn Reiter: He, alte Waldnaschn, mogst d mi net aufhocka lassn? Mei Liaber, dös hädd i besser net song solln! Packt mi net da Reiter bein Gnack[22] und ziahgt mi aufe zu eahm aufn Heita[23]! O meinse Leut, o meinse Leut, iatz is dahiganga mit mir, übers Holz umi, daß ma d Ast s ganz Gsicht dakratzt ham. Sehgsd as eh no, do schaugts her!

HÜTBUB: Hods di in dein Surra[24] in Daxn[25] einighaut, moanst net?

GROSSKNECHT: Na, na, in da Luft is dahiganga. Om, zweidast[26] om! I hädd schrein möng, aber s Maul is ma wia zuagfrorn gwen. Obspringa hädd i möng, bin aber net wegkemma vo dem Heita. Aus is s, aus is s, sog i enk! I hob scho gmoant, da Boandlkrama[27] holt mi mit sein Kleppara[28] zun letztn Reitats in d Ewigkeit! I bin gor nimma bein Dosei[29] gwen, hob niggs nimmer ghört und gsehng.

HÜTBUB: Und wia bist eahm nacha auskemma an Wildn Reiter, ha? Dös sel möchat i scho wissn.

GROSSKNECHT: Ja, ja, stell da vür, i lieg auf oamol, es hod scho tagld[30], i lieg auf oamol am nämlinga Fleck, an Ederhölzl hibei, akurat do, wo mi in da Nacht da Wild Reiter packt hod.

BAUER: Iatz hock di no grod her zu uns!

GROSSKNECHT: Merkts enk: Wenns aufn Weg seids und de Wild Jagd kimmt daher, werfts enk nieder aufn Bon, schlagts dArm kreuzweis über da Brust zsamm. Und stellts enk ja net hi in da ganzn Größ!

BAUER: Geh, Musikantn, spejts oan auf, daß er se dafangt!

Waldblöße, pantomimische Veranschaulichung:
Donner; Blitz; Wilder Reiter (Attrappe); Hundegebell;
Pferdewiehern; Krähengeschrei.
Großknecht wackelt aus der Waldblöße.
Krähen krächzen, schwirren um den Großknecht.
Krähen schlagen ihm den Hut vom Kopf.

Musik.

3. Szene
BRECHHAUS
Galerie.
Ansager:

De Rauhnächt derfst koa Spinnral drahn,
koa Wasch derf draußt am Strickl wahn,
sonst müassn Gspenster recht vej lein[31].
Min Stoßgebet konnst d as befrein.

Bauernstube.
Magd: Ja, in da Rauhnacht is vej net erlaubt. Do derfst net amol a Wasch draußt am Strick hänga lassn zun Trocknen, sonst wird d Wasch ruaßi, oder gor, es stirbt oans in Haus! Is do in ara Rauhnacht d Ringlstetter Miaz mit sein Spinnral ins Brechhaus[32] außi. Ja, hod an dös dumm Luada net drodenkt, daß ma in da Rauhnacht s Spinnral net drahn derf? Wias an Totnbrett vorbeikimmt, stehngan drei Gspenster davor. Auf oamol mirkts: Dös is dennascht d Schneider-Wirtin und dö ander is Bumberger Nohderin. Jessas, und d Leindlbötin is aa do! D Miaz hod alle drei guat kennt, is eahna ja auf d Leich[33] ganga vertn[34]. Und iatz müassns weihazn[35], de drei, ebba gor, weils allweil gstrittn ham z Lebzeitn. Do is d Miaz kaasweiß worn, netta wia Gspenster selm. In seiner Verzweiflung schlogts s Kreuz und schreit: »Alle guatn Geister lom Gott, den Herrn!« Und verschwundn sans!
Magd: Ganz gwiß hods min Stoßgebet de Weihz dalöst. Iatz werns an Friedn ham, drent in da Ewigkeit.
Musik.

> *Waldblöße, pantomimische Veranschaulichung:*
> *Ringelstetter Miaz geht mit dem Spinnrad zum Brech-*
> *haus.*
> *Drei Gespenster stehen vor dem Totenbrett.*
> *Miaz schlägt das Kreuz — Gespenster verschwinden.*
> *Miaz geht ab.*

4. Szene
HABERNGOASS
Galerie.
ANSAGE:

Und d Hobangoaß[36] min langa Krong[37],
se tuat de Weiba net lang frong,
de steßt mit seine Hörndl zua
und gibt a lange Weil koa Ruah.

De Weiba springen auf und schrein,
de Burschn tan se machti gfrein.
Dös is für se a zeahma Gspoaß[38],
drum gfreun sa se auf d Hobangoaß.

Die Hobangoaß stürzt in die Bauernstube und schreckt
die Weiber. Geschrei der Weiber — Gelächter der
Männer.
Musik.

5. Szene
AUSBUTTERN
Galerie.
ANSAGE:

An Teufi konnst dei Seel verschreim.
Wennst schlau bist, konnstn aa vertreim:
An Weichbrunn[39] spritz im Kreis rundum,
dann haut er ab aus deiner Stum.

Bauernstube.
MAGD: Do fallt ma aa a Teufelsgschicht ei, wenns no
oane vertrogts. Mei Großmuadder is als Dirn[40] beim
Rammelsberger z Drachslriad gwen. Do hädds ausbut-
tern solln. Aber da Rahm is net zsammgstandn. I woaß
net, is a z kalt gwen, is a z warm gwen? Allweil wieder
hods an Deckl von Butterfaßl aufghebt und hod eine-
gschaugt ins Faßl, aber es hod se niggs do. Und allweil
wieder hods mit da Werfe[41] umdraht und umdraht,
aber koa Buttabatzn hod se net zsammdo.
Blitz.
Da klopfts ans Fenster. Steht do net a Mannsbejd
draußt mit an grean Hüatl. Da Mo sogt niggs und
zoagt eahm sched a Büchsl, netta wia a Salzbüchsl und
bedeut eahm, is[42] solltat davo ebbas ins Butterfaßl
straan. Scho is da Greahüadl[43] furtgwen. Leichtsinni is
s scho gwen, mei Großmuadder! Tatsächli, is hebt an
Deckl von Butterfaßl auf und straad dös Pulver ei.
Könnt ja a Gift aa gwen sei, moants net? Wias na a
paarmol mitn Werfe umdraht, hods es glei gspannt,
daß ziahgada[44] geht. Großmuadder lupft[45] an Deckl
und, möchsd as ja eh net für mögli haltn, tatsächli is a
Butterbatzn drin! Is nimmtn außa, draht an Knödl und

125

legtn in Weidling. Is buttert weida, wieder is a Butter-
batzn drin. Und wieder drahts und nomol hods an
Butterbatzn ghabt. Wos moanst an, wia se Großmuad-
der gfreut hod. Do werd d Bäuerin schaung, hod sa se
denkt. Aber net lang: Steht do net auf oamol da Teife
vor seiner, hodn ja glei kennt mit dö Hörndl und min
langer Schwanz. Der gibt eahm s Schwarzbüachl[46] hi
und bedeut, daß s mit da Gänsfeder sein Nam min
Bluat eineschreim sollt.

HÜTBUB: Ja, hod eahm na dei Großmuadder sei Seel
vermacht?

MAGD: Du waarst guat! Mei Großmuadder is a ganz a
vife gwen. Blitzschnell hods Gänsfedern in Weich-
brunn taucht und an Teufe ogspritzt und de ganz Stum
dazua. Wos glaubst, wia na schnell da Fankerl[47] ob-
ghaut is!

HÜTBUB: Sauber, sauber! A so is s recht gwen!

MAGD: Da Teufe hod grod no s Schwarzbüachl mit-
gnomma, aber an Federwisch hod er nimmer ogrührt.
Den hod mei Großmuadder in Misthaufa eigrom.

HÜTBUB: Und, wos hodn na Bäuerin gsogt, wias so vej
Butter kriagt hod?

MAGD: Ja mei, da Butter is net zun Essn gwen, a so hod
er vo Schwefe gstunga.

HÜTBUB: Moanst net, daß dir dei Großmuadder de
Gschicht grod verzählt hod, daß d an Weichbrunn öf-
ter nimmst, ha?

MAGD: Na, na, i nimm all Tag an Weichbrunn, wenn i
für d Arma Seeln bet. Und meina Großmuadder is dös
wirkli passiert, dös glaub i scho!

Waldblöße, pantomimische Veranschaulichung:
Magd stellt das Butterfaß auf einen Hocker, dreht die
Kurbel, hebt den Deckel hoch und schaut nach. Dreht
weiter; schaut, ob sich der Rahm verdickt.
Grünhüatl (Teufel, als Jäger verkleidet) steht vor der
Magd mit grünem Hut. Zeigt ihr eine Streubüchse. Er-
klärt ihr, daß sie Pulver ins Butterfaß streuen soll.
Grünhüatl geht kurz ab.
Magd streut Pulver ins Faß, kurbelt, schaut nach. Sie
nimmt Butter aus dem Faß und dreht ihn zu einem
Ball, legt ihn in eine Schüssel, wiederholt den Vor-
gang.
Grünhüatl kommt wieder, diesmal als Teufel (mit
Hörnern und Schwanz) erkenntlich; hält ihr das
Schwarzbüchl hin, gibt ihr den Federkiel in die Hand:
Sie soll ihm die Seele verschreiben.
Magd taucht den Federkiel ins Weihwasser, sprengt
Weihwasser auf den Teufel.
Teufel haut ab!

Lied:

Teufelsgstanzl

Wort: Franz Kuchler
Weise: Hubert Kellermann
Sepp Raith
Satz: Engelbert Kaiser

g d d d g g g g a a a
Da Teu-fe is kemma mei Seel möcht er nehma i wern man iaß
Da Teu-fe, dös Luada der kriagt a fetts Fuada mir stopf mas eahm
Mia tan ma di taufa, an O-dl konnst saufa, auf dös fette

g g g d d d d d g g g g g d d d
fanga und bin-dn an dstanga. Aft[1] stell ehn an Pranga
eine acht Pfund o-de-r neune. Und bal-sn aft blahn tuat
Fressn tuats di sa-krisch ste-ßn. Is dir dann spei-ü-be

d d d d g g g g g g g d d c
fürn iadn-zun Glanga. Mir-ziahng man am Schwanzl und
ver-geht eahnda Hochmuat. Mir-steß man von Kirchturm aft
aft holn ma an Kübe. Mei-do tan ma jüh schrein, Leit

d d d g g d d d g g d d d c g g
drahn aft a Tanzl! Dra la la Teufes-gsell, dra la la kratz da stell,
fallt er in dOlgruam![2] " " " " " "
laßt enk mit uns gfrein! " " " " " "

g g g c c c d d d d d g
dra la la mistigs Gsell/aber ei iaß in dHöll!
" " " " " / " "
" " " " " " / " "

1 *aft* = dann, nachher
2 *Olgruam* = Odelgrube, Jauchegrube

128

6. Szene
DRUD
Galerie.
ANSAGE:

> Damit di ja de Drud net druckt
> und si se über di hibuckt,
> do zeichnest auf dei Bettstatt hi
> a Drudnkreuz, dös rettet di.

Bauernstube.
BÄUERIN: Aber no irga wia da Teufe is schier Drud.
Hods enk no nia net druckt?
HÜTBUG: Wos isn a Drud?
BÄUERIN: Is koa Geist net und a Hex, moanat i, waars
aa net. Dö oan song, es waar a bös Weibats, dös in da
Nacht an solchan Drang gspürt, daß oafach ausn Haus
muaß. Dann druckts in Stoi a Kuah, de gibt nacha koa
Milli net an andern Tag. Oder is geht in Hennastall
und druckt a Henn, daß koa Oa net legt oder gor a
bluatigs.
BAUER: Lus, i bin vertn[48] von aran Roßhandl hoam-
kemme, und weils scho spaat gwen is, bin i glei ins Bett
ganga. Hob aa glei eigschlaffa vor lauter Müadn.
HÜTBUB: Und wos is s na mit da Drud?
BAUER: Laß da Zeit, und lus ma zua! Auf oamol gspür
i in Schlaf, wia wenn ma oans Brust eidrucka möcht[49].
Zun Dasticka is s gwen. I moan, a Weibats hädd i über
meiner gsehng, a schwarze Blusn hods oglegt ghabt.
Aber s Gsicht hob i net dakennt. Gschwitzt hob i,
gschwitzt, patscherlnaß bin i gwen. I hob mi net
wehrn kenna. Wia opappt bin i dogleng. Schrein hädd
i möng, i hob gmoant, mei letzts End kimmt.

129

Gschrian muaß i aber dennascht hom, weil, mei
Muadder hod mi ghört. So hods mas an andern Tag in
da Früah verzählt. Sie hod schleunigst a Kreidn ausn
Dreikönigssackl[50] gnomma und hod mit oan Fahrer a
Drudnkreuz[51] an Bettstatt hizeichnet. Glei, hods
gsogt, is s ma leichta worn. I hob mi umdraht und hob
weidagschlaffa. Und seit dös Drudnkreuz an meiner
Bettstatt is, hob i mei Ruah! In oan Fahrer, ohne Ab-
setzn muaß ma s Drudnkreuz hibringa. Und a Weibats
muaß macha!

HÜTBUB: Na, dös glaub i net. Mi hod no nia koa Drud
net druckt!

Waldblöße / Pantomimische Veranschaulichung:

*Bettstatt. Bauer legt sich schlafen, löscht das Kerzen-
licht.*
*Drud schleicht sich heran, kniet sich auf ihn, drückt
ihn.*
*Mutter hört ihn jammern, kommt in die Schlafkam-
mer. Mutter zeichnet mit einem Strich das Druden-
kreuz auf die Bettstatt.*
Drud haut ab.

Musik.

7. Szene
BLUATIGA DAMERL, 21. Dezember
Galerie.
ANSAGE:

> Da Bluate Damerl is a Mo,
> der koane Sünda leidn ko.
> Er tuats mit aller Gwalt bekehrn,
> daß wieder recht manierle wern.

Bauernstube.
BAUER: Bua, hod mei Vadder allweil wieder gsogt, bols aufn Thomastag zuageht und da bluatige Damerl streckt sein bluatign Haxn bei da Tür eina, na brauchst da net fürchtn, bolst a saubers Gwissn host. Woaßt, hod da Vadder gsagt, der möcht grod de Sünder alle schrecka, und d Saufbrüada und d Grenzstoaverrucka und d Wilderer bekehrn — und dös gschiecht oft auf de seltsamste Weis.
HÜTBUB: Warum hoaßt da Thomas nacha »bluatiga Damerl«?
BAUER: Dös woaßt ja eh, daß an sein Tog, vier Tog vor Weihnachtn, d Weihnachtssau, wia ma sogt, da »Weihnachter« gschlacht wird, und do gehts bluati her. Und a so hod ma eahm an bluatign Haxn aufegschmatzt. Daß i enk de Gschicht verzähl:

SAUFBRUDER

Da Biermeier Hans, sein Nam hod er net umasunst, a rechter Saufbruader is a gwen, geht spat hoamzua. Neble is gwen und gwachlt hods in oan Trumm. Wia er vo de Totnbretter draußt auf da Kreuzung vorbeikimmt, hod er net amol sein Huat obazong, wiasa sö für an rechtn Christnmenschn ghört, daß er an Vaterunser betat. Is ja allweil scho a rechta Kloiche[52] gwen.

Do siehgt er vor seiner a Schupfa[53] an Holz hibei. No nia net is auf dem Platz a Schupfa gstandn. Do hört er a Musi, wia wenns aus da Schupfa außa kaam. Er bleibt steh.

Da Biermeier schleicht se zuri und lurt durch an Spalt eine. In dem Augenblick geht s Scheunator auf und a Dutzad Hexn wurln außa. Oane packtn glei und tanzt mit eahm, so schnell scho, daß er nimmer zum Schaung kimmt. Und dann packtn a anderne und reißtn umadum. Und a dritte und a vierte! Grod wia verruckt zarrnsn in Kroas rundumadum, bis eahm da Schnauferer ausgeht. Iatz hautsn um, gstrecktalängs an Erdbon hi.

D Hexn san verschwundn, staad is wieder gwen. Erst nochara Zeit konn da Biermeier wieder aufsteh und wacklt hoamzua.

Ja, und min Saufa hod er se nacha zsammgnomma.

HÜTBUB: A so hod da Damerl an Säufer bekehrt. Der werd ses gmerkt ham!

Waldblöße / Pantomimische Veranschaulichung:
Blutiger Thomas zeigt sein blutiges Bein.
Biermeier Hans (Saufbruder) wackelt über die Waldblöße. Geht am Totenbrett vorbei, ohne den Hut zu ziehen. Bleibt stehen — horcht. Teufelsgeige ist zu hören. Er horcht wieder.
Hexen ergreifen den Saufbruder. Eine Hexe nach der anderen dreht ihn im Kreis herum. Saufbruder fällt bewußtlos um, steht benommen auf.
Saufbruder geht ab.

Musik.

8. Szene
WILDERER
Galerie.
Ansage:

An Wilderer, dös wern ma sehng,
is aa niggs mehr am Wildern gleng.
Da Teufi nimmt eahm heut sein Muat,
wias sched da Damerl schaffa tuat.

Bauernstube.
KNECHT: Ja, der Damerl hod mi aa kuriert! Wißts eh,
daß i wengan Wildern scho eigsperrt gwen bin. Aber
mei letzte Wilderergschicht muaß i enk dennascht ver-
zähln:
I hob eh gwißt, daß ma in da Thomasnacht net auf d
Jagd geh derf, und wildern scho gar net. I hobs zsamt-
dem versuacht, weil, i hob ma denkt, in da Thomas-
nacht is koa Förster um d Weg. Daß i verzähl, lusts! I
steh in Zizlerholz auf da Lauer, do kimmt aus ana
Stauern a mordsfetter Has außa. I leg o, visier guat und
schiaß — *Schuß* — Da Has fallt um . . .
HÜTBUB: Und?
KNECHT: Stell da vür, da Has rennt wieder davo!
HÜTBUB: Ha, ha, ha, weilsd niggs triffst!
KNECHT: Hör zua: Kemman zwoa Hasn hinta da
Krowittstaudn[54] füra. I leg wieder o — *Schuß* — De
zwoa Hasn falln auf da Stell um, auf oan Schlag!
HÜTBUB *spöttisch:* Und san wieder davo?!
KNECHT: Tatsächli, san umgfalln und wieder auf und
davo! Do sehg i hintera Feichtn[55]an Kaal[56] vüralinsn[57],
a greans Hüatl hod er aufghabt und grinst hod er recht
hinterfotzi[58]. I denk ma, werd ebba net da Förster sei.

133

Aber den hädd i ja kennt. Und grinst hädd der gwiß net. Is scho wurst, hob i mia denkt, weil, grod in dem nämlinga Aungblick san drei Hasn daherkemma. Grod a so, daß i alle drei ins Visier hob nehma kenna! I druck o — *Schuß* — Obsd as glaubst oder net, alle drei Hasn hauts um. Wirkli wahr, hauts gstrecktalängs um!
HÜTBUB: Und san wieder davo! Ha, ha, ha. Iatz derfst aber aufhörn mit dein Jägerlatein!
KNECHT: Ja, glaub mas halt. De drei Hasn lieng maustot do — und furt sans wieder. Und der Kaal is auf mi zua und hod hellauf glacht, und verschwundn is er gwen. Hob grad no gsehng, daß er an Schwanz ghabt hod, und Hörndl, moanat i, hädd er aa am Kopf ghabt.
HÜTBUB: Aha, da hod dir da Damerl an Teifi gschickt, daßd s Wildern bleim laßt.
KNECHT: Kannt scho sei.
BAUER: Do ghört a Musi drauf.

Waldblöße / Pantomimische Veranschaulichung:

Knecht mit Gewehr, in Jägerkleidung, steht auf der Lauer. Ein Hase hoppelt herein. Jäger schießt, Hase fällt um, läuft weiter.

Zwei Hasen hoppeln daher. Jäger schießt, Hasen fallen um, laufen davon.

Drei Hasen kommen. Jäger schießt, drei Hasen fallen um, laufen wieder davon.

Teufel (Grünhütl) kommt hinter dem Busch hervor, naht sich dem Wilderer. Wilderer haut ab. Teufel lacht spöttisch.

Musik.

9. Szene
GRENZSTEINVERRUCKER
Galerie
ANSAGER:

> An Grenzstoa schleppt de Arme Seel,
> ganz bugglad is se und ganz schel.
> Er hod an Moastoa[59] selm[60] verruckt,
> in Ewigkeit dö Sünd eahm druckt.

Saal.
Grenzsteinverrücker schleppt als Weihz einen Grenz-
stein durch den Saal. Er kommt in die Nähe der Bühne.
BAUER: Iatz is da Grenzstoaverrucka no do!
HÜTBUB: Wos is s an mit dem?
BAUER: Der hod zu Lebzeitn an Moastoa von Nach-
barn alle Jahr a weng außigruckt, vo eahm weg, und
dös hod er öfters gmacht, allweil a Stückl weiter und a
so, verstehst, is sei Grundstück größer und an Nach-
barn dös sei kleana worn, verstehst? Drum muaß er
iatz weihazn, alle Nacht. Gstorm is er scho fünf Jahr.
GRO&MUTTER: Bet mar eahm, daß er dalöst wird:

> Bluatiger Damerl steh eahm bei,
> Jesus gibm frei,
> Bluatiger Damerl, steh eahm bei,
> Jesus gibm frei.

Lied:

135

Saufbruada, Wilderer, Moastoaverrucka . . .

Text: Franz Kuchler
Musik: Manfred Fuchs, op. 57

Saufbruada, Wilderer, Moastoa- ver- rucka,
Tuat uns a Unrecht aa dirmol[2] arg drucka,
Heut is da Thomastog, iatz wolln ma betn,

möchts enk vorm bluadign Damerl ver- drucka,
zoagt uns de Rauhnacht a offane Lucka.
kennts[3] eahm a Kirzn o, er kannt uns re- ttn.

der a- ber packt enk, und aft[1] werds be- kehrt,
Muaß ma sched[3] num kehrn' und bußfer- ti wern,
Damerl i bitt di, gib du mir an Rod,

jeder ko friedli wern, der auf eahm hört.
uns geng de Wei-sung vom' Damerl net sperm.
daß mi da Tankerl net in da Krei[5] hod.

1 *aft* = dann
2 *dirmol* = manchmal
3 *sched* = bloß, gleich
3 *kennts* = zündet
5 *Krei* = Kralle

10. Szene
HEILIGER ABEND, 24. Dezember; Mettennacht.
Galerie.
ANSAGER:

> Als Rauhnacht gilt aa d Heili Nacht.
> Wos do da Teufi Mettn macht,
> und wos di Hexn do alls treim,
> dös konn ma schier gar net beschreim.
> I möcht net, daß se oana schreckt,
> bol er di wildn Unholn sehgt.
> I möcht, daß jeder zfriedn werd,
> und zu uns kommt da Herr auf d Erd.

Bauernstube.
BAUER: Iatz richts ma s Paradeisl her!

Lied:

Paradeisl

Text: Franz Kuchler
Musik: Manfred Fuchs

1 *Paradeisl* = Apfelpyramide
2 *fatschn* = binden
3 *aft* = dann, nachher

4 *sched* = nur
5 *Paradies* = bibl. Garten Eden
6 *okennt* = angezündet

Galerie

D Fensterlan, hörst as net, gnagln[59] wia wejd,
In da Flez[60] draußt, do wisbats[61] und schlifats[62] und schloipfts[63],
dromat[64] in Houbon[65] do boußts[66] wia verruckt,
achazd[67] und safazd[68] und zwigazd[69] da Schrout[70].
Lus[71] grod, in Stoi hint, do scheppern de Ken[72].
Bal[73] grod d Roß net und s Gviechert heit ledi[74] wern dan!

Teifön, de Bluatsgselln, de windige Raß,
löschn de Liachta und lurn[75] auf dei Seel:
Schreib fei nia net dein Nam mitn Bluat auf dei Haut,
sonst bist verkaaft und verratzt auf da Stell!

Ent auf da Tenna, do drischln schier sechs.
Dorat[76] balst waarst, ja, dann höratst dös aa.
Ebba[77] sans Hexn, de ausgschaamte Bruat,
bol de woisln[78] und zahna, dann kimmt ma da Grant[79],
gnockan[80] net gschled[81] iatz glei fünfe auf mia?
Is da dös iatz net a scheichtsame Zeit!

Jatz wirds Zeit zun Mettngeh ...

Wort: Franz Kuchler
Weise: Reiner Dirr
Satz: Manfred Fuchs

Jatz wirds Zeit zun Mettn-geh leifl tats net um-a-steh
legts de Mettn-würst no ej. Wernma alle hungri sej
dauert gwiß a dritthalb Stund eh ma na da-hoam sej kunnt

2. Legts an Mettnbinkn[1] vür
   dohi sched vor d Ofaschür,
   möcht mas dennascht bachalwarm,
   bals uns friert daß Gott erbarm.
   Gib an Gviechat no a Brout,
   mitn Gweichtn hams koa Nout.

3. D Arma Seeln solln aa wos kriang,
   Baunzal[2] stell ma hinta d Stiang.
   D Wasch muaß oba draußd von Strig,
   weil i sunst an Toutn siehg.
   Gred is eh scho sauber kihrd,
   daß a heilga Christtog wird.

4. Legts enk warm o, heit is koit,
   daß se koans a Krankad hoid.
   So iatz, Roßknecht, halt di wach
   und paß auf auf unsa Sach,
   daß koa Gsindl zuradruckt
   und koa Feuer s Haus verschluckt.

5. Heit is Rauhnacht, denk fei dro,
   d Hexn, Teifön wartn scho.
   Do, nimm d Bibl, nacha bedd,
   daß koa Unheil kimmt, koa Gfrett.
   s Paradeisl lass ma steh.
   Pfüad di God, mir müass ma geh.

1 *Mettnbinkn* = ästiger, schwerer Holzblock (Buchenscheit)
2 *Baunzerl* = Rohrnudel

BÄUERIN: Leut, iatz wirds Zeit zun Mettngeh. Zserst aber schaugts, daß a Schüssl mit Baunzal[82] in Gred[83] außi stellts für de Arma Seeln. SParadeisl[84] steht aufn Tisch. Kennts Kerzn o! I geh schleine[85] no in Stoi außi und gib an Gviechat an iadn a Stückl Brot min gweichtn Kräutl vom Kräutlfrauatag und an etla Palmmaunzal[86] vom Prangatag.

Danoch derf aber koans in Stoi nimma außigeh, sunst kimmt Drud und druckt Küah!

HÜTBUB: Is dös wahr, daß an Heilinga Abend koa Wasch net am Strick zun Trocknen hänga derf?

BÄUERIN: Ja, Bua, do host scho recht! Habts an Groß-knecht an Mettnbinkn[87] einabracht? Und d Mettn-würst[88] holts vo da Kammer eina, daß ers net vergißt und warm macht, derweil mir in da Mettn san.

Alle sind aufgestanden, trinken ihr Bier noch aus und ziehen sich zum Fortgehen an.

BÄUERIN: Setzts fei a Kopftüachl auf, kalt is draußd! So, und iatz kennts d Laterna o, daß ma obi findn in Pfarr!

ALLE: Pfüad di, pfüat di *(Zum Großknecht gerichtet).* Daß d Mettnwürst fertig san bis ma kemman! Ham ma an ganzn Tag gfast! Und bring ma an mords Hunger mit!

MAGD: Do leg i dir Bibel her, daß d fei s Evangeli lest, balst scho net in d Mettn geh brauchst.

Hoagartenleut gehen ab zur Mette.

GROSSKNECHT *bleibt allein zurück und bewacht Haus und Hof. Er legt den Mettenbinken in den Ofen und beschäftigt sich in der Stube!*

Er setzt sich an den Tisch und liest laut in der Bibel:
»Und es begab sich, daß von dem Kaiser Augustus ein Befehl ausging, daß alle Welt geschätzt würde. Und diese Schätzung war die allererste und geschah zu der

Zeit, da Cyrenius Landpfleger von Syrien war. Und jedermann ging hin, daß er sich . . .«
Großknecht schläft auf der Tischplatte ein.
Glocke beginnt zwölf Uhr zu schlagen. Drei Geister stellen sich schützend hinter den Großknecht.

Galerie.
ANSAGE:

> Drei guate Geister san min Knecht in Bund
> sie woll na schützn in da nachstn Stund.
> Sie stelln se iatza hinter eahm
> bol ogeht na da Höllenlärm.

✻ ✻ ✻

Galerie.
ANSAGE (nur für Kassettenaufzeichnung / unterbleibt bei der szenischen Darbietung):

> Teufön blasn d Liachter aus,
> finster is s in ganzn Haus.
> Und da Knecht, der nafazd no,
> daß er gar niggs spanna ko.
>
> d Hexnbruat kimmt a daher,
> richt glei o a mordstrumm Gschär,
> tanzn mitn Besnstej,
> hörst as glei dös schiache Gspej.
>
> Nacha schiaßns s Kindl o,
> aufschrein tuat der gschreckte Mo.
> Aft d Rauwuggl helfen eahm,
> sunst müaßt er schier gor verderm.

✻ ✻ ✻

Bauernstube. Teufel löschen die Lichter. Hexen stürmen in die Stube. Hexenmusik.
Hintergrund: Christkindlanschießen.
Bauernstube.
GROSSKNECHT *erwacht, springt auf, schreit:*

> Hexn, Teifön, hauts glei o,
> is an gor koa Hilf net do?!
> Ziahgts enk d Larva[89] übers Gsicht,
> machts a End und gehts ins Gricht!

∗ ∗ ∗

Galerie.
ANSAGE (nur für Kassettenaufzeichnung / unterbleibt bei der szenischen Darbietung!):
D Rauhwuggl boußn, tremmen, a Larva hams vorm Gsicht,
se gehngan glei de Teufen und Hexn na ins Gricht.
Ganz schierle san die Gfrießa mit Nosn, schel und krumm
und d Aung, de batzts eah außa, so rumpelns ei in d Stum.
Mit lange Hals und Schnauzn fahrns hi aufs wilde Gfraß,
weil, andersd kannst net zwinga de wirsche höllisch Raß.
An hooring Pelz hams oglegt, schaung aus schier wia a Bär,
do möchst de selber fürchtn, wenns kemman zu dir her.
Mit Kuahschelln und mit Trommeln, mit Plärrn und wildn Gschrei:
Dös is a Ramasure, und so wird d Hiawa frei.

Saal und Bauernstube. Rauhwuggl[90], Holzmandl und Wolferer[91] stürmen durch den Saal in die Stube und verscheuchen die Unholde.

WEIHNACHT
Der Bethlehemstern leuchtet auf.

Lied:

Da Stern vo Bethlehem

Wort: Franz Kuchler
Ton: Sepp Hartl

Da Stern vo Bethlehem leucht auf uns nieder,
A gro-ße Hoffnung in de har-tn Zeitn,
Ziahgts o am Strang, daß al - le Glo - dn läu-tn

er bringt a Ruah in unser wurlads Gmüat.
wo d'Welt is vol- ler Haß und vol-ler Not.
im gan-zn Land und auf da wei-tn Erd.

Und seit zwoatausat Jahr kündt er uns wieder,
Mit gua-tn Willn laßt se dös Ängst be-streith
Und schlong dann o in je- der Seel de Saitn,

daß in da Welt a große Hoffnung blüaht.
und bol alls zsammhalt, kriagt da Letzt sei Brot.
dann könn ma hof-fa, daß a Frie-dn werd.

144

Waldblöße.

JUNGER HIRTE *tritt aus der Waldblöße mit dem Schaferl im Arm:* Wos zidasdn a so, Lampe? Host de ebba gschreckt, wos da da Simmerl vo da Rauhnacht verzählt hod? Schaug, iatz is alls ume. Iatz könn ma sched no in de Losnächt dö Ungwißheit a wengerl lupfa und lusn, wos s nachste Jahr bringa werd. — Lus! Lus! Hörst an Simmerl, ebba hod er an Stern gsehng, daß eahm s Herz aufganga is.

Junger Hirte und Schaferl horchen auf die Musik.

ALTER HIRTE *spielt auf der Mundharmonika.*

JUNGER HIRTE: Lus, dös is a himmlische Musi: Ehre sei Gott in der Höhe und Frieden den Menschen auf Erden, de an guatn Willn ham. Aber, wer hodn scho an guatn Willn. Stimmt ja bei uns scho net! Woaßt as eh, da Kruglbauer hod uns vo da Woad[92] vertriem. Er brauchad, hod er gsagt, er brauchad koan Mist vo de Schaf, er naahm an Kunstdunger! Lampe, gel, mia wolln ma net streitn mit an so an unguatn Mo. Aber dös sel tuat ma do drinn weh, daß da Wastl si net um sei Muadder umtuat, wo sa se do leichatsloa[93] und bettlagrig dahifrett[94]. Derf an dös sei?

Hast as ghört, Lampe, wos de Wanderer verzählt ham, de bei uns ent auf da Leitn vorbeikemma san? Wos hams gsagt? So vej brave Leut san vo eahnana Hoamat vertriem! Und wiavej wern alle Tag unschuldi daschossn. Da letza Kriag is no lang net vorbei, hams gsogt, de Leut. Schreckli gehts zua in Persischen Golf und in Afrika! Und wia arm sans in da Drittn Welt, hams gsogt. Da Teufl waar in d Menschn gfahrn. Ham koa Hörndl auf, wia da Teufl in da Rauhnacht, na, s schönste Gwand hams oglegt, daßd as net spanna sollst, mit wemsdas ztoa host. Do lengs a Feuer, dort zündlns Granatn und richtn d Leut o zu alle möglichn Schandtatn!

Moanst net, Lampe, do derfadn d Rauhwuggl[95] drei-fahrn, daß a Friedn werad! Mei, Lampe, wia guat ham mas mia. Vej ham ma net, aber zfriedn san ma! Wos hod er gsogt, da Simmerl hint im Schafstall: Da Stern weist auf Krippm. Mir solln higeh zun Buawal[96] im Stoi und alle Leut müaß mas verkündn: Kents[97] a Liachtl o, wenns finsta is in irgend a Seel. Gehts an Stern nach und bitts dös Kinderl um an Seng, dann wird jede Rauhnacht zun himmlischn Glanz!

* * *

Da Hirt wej uns weisn

Wort: Franz Kuchler
Ton: Sepp Hartl

Da Hirt wui uns weisn auf un-sa-ne Weng,
Es tat schier scho not, daß ma sUn-gua-te sehng
De Engl san kemma zun Hir-tn aufs Feld,
Mit Liab und in Ehr-furcht an Frie-dn be-stelln

und tuat ma aa dir-mol koa Sterndal net sehng:
und ü-ber den Unwilln a Ei-sicht hi-leng.
drum scheints, daß de Groußn de Bot-schaft no fehlt.
und nim-mer Gra-na-tn und Bom-bm aus-zähln,

de Bot-schaft von hei-li-gn Christ geht um d'Welt.
möchst eh schier bald moa-na, da Glaum waar scho gstorm
Sie soll-tn halt net wia He-rodes sel-moi
Mia selm a-ber soll-tn uns aa recht dro-kehrn

Aa mia san vom Herrgott als Hirtn be-stellt.
und d'Menschheit hädd fre-di da Teu-fe ver-dorm.
de Kin-der um-bringa, do kemma zun Stoi.
und al-le Tog neu auf' de Christbotschaft hörn.

Hintergrund: Glockenläuten.
Lied: Weihnacht.

Weihnacht

Text: Franz Kuchler
Musik: Manfred Fuchs

4. Zwietracht und Hader und Feindschaft und Haß,
   dö muaßt obleng, sunst konnst as s Reich Gottes net erm.
   Merk da: Friede, Geduld und a Herz voller Liab,
   dös is dö Frucht ausm Heilinga Geist.

5. Wohlstand, an Foud und koa bissal a Gmüat
   tan koa Guat net und bringan grod Armseligkeit;
   kent a Liacht o, wenns finsta is inara Seel,
   hilf aa dem andan, und trog aa sei Last!

BESCHLUSS

Alle Mitwirkenden kommen während des Glockenläu-
tens auf die Bühne.
Sänger und Sängerinnen singen mit allen Anwesenden
einen

A n d a c h t s r u f

* * *

SPRECHER: Mir wünschn enk alle
a gottgsengne Weihnacht!

Mia wünsch ma a glückseligs neus Johr,
s Christkindl mit krauslade Hoor,
a gsunds Lem, a langs Lem
und s Himmereich danem!

Anmerkungen zum Textbuch

1	*Stum*	=	Stube
2	*Flez*	=	Hausgang
3	*aft*	=	nachher, dann
4	*himfazn*	=	jammern
5	*nedi*	=	nötig
6	*schlaunts enk*	=	beeilt euch
7	*ströhwan Kittel*	=	Rock aus Strohgeflecht
8	*linkische Schuah*	=	zwei linke Schuhe
9	*Stoi*	=	Stall
10	*zeidln*	=	melken
11	*aft*	=	nachher
12	*Feldscheich*	=	Vogelscheuche
13	*Meinse Leut*	=	soviel wie „meine lieben Leute"
14	*verdraht*	=	verdreht, durcheinander, verstört
15	*sched*	=	geradewegs
16	*Leitn*	=	sanfter Hang
17	*Wedder*	=	Gewitter
18	*Überzieher*	=	lange Joppe
19	*netta*	=	gerade, direkt
20	*Krohaviecha*	=	Krähen
21	*gsuffa*	=	getrunken
22	*Gnack*	=	Genick
23	*Heita*	=	Pferd
24	*Surra*	=	kleiner Rausch
25	*Daxn*	=	Nadelholzreisig, kleine Äste
26	*zweidast om*	=	sehr weit oben
27	*Boandlkrama*	=	Knochenkrämer, der Tod
28	*Kleppara*	=	mageres Pferd (abfällige Bezeichnung)
29	*nimma bein Dosei*	=	nicht mehr Dabeisein, nicht mehr bei Bewußtsein
30	*tagld*	=	Tag geworden, gedämmert
31	*lein*	=	leiden
32	*Brechhaus*	=	Schuppen, in dem Flachs gebrochen wurde
33	*Leich*	=	Beerdigung
34	*vertn*	=	im vorigen Jahr
35	*weihazn*	=	umgehen als Totengeist, als Gespenst
36	*Hobangoaß*	=	Habergeiß: lange Latte, auf der ein Geißkopf angebracht ist
37	*Krong*	=	Kragen, Hals
38	*Gspoaß*	=	Scherz
39	*Weichbrunn*	=	Weihwasser

40	*Dirn*	= Magd
41	*Werfe*	= Kurbel
42	*is*	= sie
43	*Greahüatl*	= Grünhütl
44	*ziahgada*	= zäher
45	*lupft*	= lüftet, hebt
46	*Schwarzbüachl*	= Buch, in das der Teufel die Unterschrift mit Blut schreiben läßt, womit der Mensch ihm seine Seele vermacht
47	*Fankerl*	= Teufel
48	*vertn*	= voriges Jahr
49	*Drud drucka*	= Alptraum
50	*Dreikönigssackl*	= Säckchen, in welchem Weihrauch mit Kreide vom Fest Hl. Dreikönig aufbewahrt werden
51	*Drudenkreuz*	= Pentagramm, fünfeckiges Zeichen zur Abwehr von Druden und bösen Geistern
52	*Kloiche*	= ungehobelter Mensch
53	*Schupfa*	= Schuppen, kleine Scheune
54	*Krowittstaudn*	= Wacholderstrauch
55	*Feichtn*	= Fichte
56	*Kaal*	= Kerl
57	*vüralinsn*	= hervorschauen
58	*hinterfotzi*	= spitzbübisch
59	*gnagln*	= wackeln
60	*Flez*	= Hausflur
61	*wispats*	= flüstert es
62	*schlifats*	= schleift es
63	*schloipfts*	= rutscht es
64	*dromat*	= oben
65	*Houbon*	= Hochboden, Dachboden
66	*boußt*	= schlägt auf
67	*achazd*	= ächzt
68	*safazd*	= seufzt
69	*zwigazd*	= quietscht
70	*Schrout*	= Altane
71	*lus*	= horch
72	*Ken*	= Ketten
73	*bal*	= wenn
74	*ledi*	= los, frei
75	*lurn*	= lauern
76	*dorat*	= taub
77	*ebba*	= etwa

78	*woisln*	=	winseln
79	*Grant*	=	Ärger, grantig sein
80	*gnockan*	=	sitzen
81	*gschled*	=	tatsächlich
82	*Baunzerl*	=	Rohrnudel
83	*Gred*	=	gerader gepflasterter Vorplatz vor der Haustüre
84	*Paradeisl*	=	Apfelpyramide mit aufgesteckten Kerzen
85	*schleine*	=	eilig
86	*Palmmaunzal*	=	Palmkätzchen
87	*Mettnbinkn*	=	astreiches großes Buchenscheit
88	*Mettnwürst*	=	Leberwürste / Schlachtschüssel
89	*Larva*	=	Maske
90	*Rauhwuggl*	=	Männer in Holzmasken und Pelzen, die die Unholde vertreiben.
91	*Wolferer*	=	Hirten mit Kuhschellen und Peitschen, die wilde Tiere von der Weide und Geister aus Haus und Hof verscheuchen.
92	*Woad*	=	Weide
93	*leichatsloa*	=	allein wie eine Leiche
94	*dahifrettn*	=	dahinvegetieren
95	*Rauhwuggl*	=	Maskenträger in Pelz, die Macht über die Unfriedfertigen haben.
96	*Buawal*	=	Bub (Jesuskind)
97	*kents*	=	zündet

152

BEGRIFFSERKLÄRUNGEN IN KÜRZE

Rauhnacht: Die rauhe Nacht, in der rauhe Vorkommnisse die Menschen erschrecken. Rauh sind die Pelzgewänder der Unholde. (Rauchwaren sind Pelze!)

Rauchnacht: Die Rauhnachtgeister werden durch Ausräuchern vertrieben (wie es an Heiligdreikönig noch der Brauch ist). So wurden auch durch Hirtenfeuer Bären und Wölfe abgehalten. Auch Lärm verscheucht böse Tiere und Hexen, Teufel.

Die Perchten (niederbay. Rauhwuggl, Holzmandl) stellen sich maskiert den Unholden entgegen (holzgeschnitzte »Larven«, Pelzgewand, mit Trommeln, Kuhschellen).

Rauhnächte sind der Nikolaustag, die Luzinacht, Thomasnacht, Hl. Abend, Silvester, Hl. Dreikönig. In anderen Gegenden sind es die sog. Zwölf Nächte zwischen Weihnachten und Hl. Dreikönig. In den Rauhnächten darf außer lebenswichtiger (Melken u. dgl.) keine Arbeit verrichtet werden. Es darf keine Wäsche über Nacht an der Leine hängen.

Wilde Jagd: Nach germanischer Mythologie reitet Gott Wodan auf einem weißen Schimmel im Gefolge von Kriegern, Schlachtjungfrauen, begleitet von Wölfen, Hunden, Katzen, Eulen und Raben unter Blitz und Donner und Sturm zur Walstatt. Wer sich nachts herumtreibt, wird auf das Roß gezogen und mitgenommen. (Bei Gewitter soll man sich ducken, auf den Boden legen!)

Die christliche Lehre spricht vom dreieinigen Gott, von der Gottesmutter Maria, von Engeln und Heiligen, von Himmel und Hölle — in Übertragung des Vorschristlichen. Heidnisches und Christliches stehen nebeneinander, wobei »heidnisch« nicht »gottlos« bedeutet. Die Vorfahren bis zurück ins Germanische waren tief religiös!

Nikolaus: Nachfahre des »Getreuen Eckehart«, des Begleiters von Wotan, der heute als Krampus, Knecht Ruprecht, in Pelz gewandet, zu den Kindern kommt als Begleiter des hl. Nikolaus.

Luzi(a) (13. Dez.): Die Leuchtende, Lichtgöttin zur Sonnwende, die heute noch in Schweden als solche gefeiert wird.

Bei uns eine furchterregende Frauengestalt, gewandet wie eine Feldscheuche. Mit der Sichel droht sie, den bösen Kindern den Bauch aufzuschlitzen. Sie will Licht statt Böses.

Drud: Alpdrücken, Alptraum, gegen das man sich durch den Drudenstern schützt. Der Drudenstern = christlich der »Eckstein«, von dem Jesus spricht. Uraltes Heilszeichen in fast allen Religionen.
Drudenkreuz = auch Grenzstein, Reliquien/Altar-stein.

Hexe: Zauberin. Hexenwahn schon bei den Persern, Juden, Griechen, Römern. Hexenverbrennungen im Mittelalter. Schutz dagegen: Amulett (Alraune) und Kreuzanhänger!

Teufel: Die Welt der alten Völker kennt die Gestalt des Teufels nicht. Nach der Bibel ist es Luzifer, der sich über Gott stellte und von St. Michael in die Tiefe (Hölle) gestürzt wurde. Der Teufel tritt den Menschen als harmloser Jägersmann oder als »Gentleman« entgegen, fordert aber als Gehörnter die Seele des Menschen, d. h. er verführt ihn zu schlimmen Taten. Abwehr: Gebet, Weihwasser.

Rauhwuggl: In Oberbayern »Perchten«. Sie sind Genossen des »Bluatign Damerl«, des hl. Thomas, der die Sünder kurieren will. Sie vertreiben die Unholde.

Blutiger Thomas: Erscheint als Verfechter des Guten. Dabei bedient er sich sogar des Teufels, indem er den Sündern einen bösen Streich spielt. Er will die Wilderer, Grenzsteinverrücker, Saufbrüder, Wucherer, Diebe bekehren — und das geschieht oft auf seltsamste Weise.
Gekennzeichnet ist er mit dem blutbeschmierten Bein, das er in die Stube streckt. Wahrscheinlich verbindet sich dies mit dem Schlachttag am 21. Dezember, an dem der »Weihnachter«, die Weihnachtssau geschlachtet wird. Vergleichsweise könnte es Odin der germanischen Mythologie sein (?).

Hoagartn oder Rockaroas: Die nächtliche Sitzweil in Bauernhäusern, bei der sich zunächst Frauen und Mägde zusammensetzten, das Spinnrad drehten, nähten, strickten usw. und »ratschten« (erzählten). Zu späterer Stunde kamen auch die Burschen und Männer dazu, die die »Weiber« schreckten (Hobangoaß) und schaurige Geschichten erzählten. Hier liegt die Quelle der vielen scheuchtsamen Geschichten, die bis heute überliefert werden. Eigene Erlebnisse, erfundene Sagen!
Hoa = Heim; Garten = die Bauernstube oder das Brechhaus; Rocken ist Teil des Spinnrades, der Name übertrug sich auf das ganze Spinnrad; Roas = Reise, Gang zum Nachbarn.

Hobangoaß: Auf einer langen Stange ist ein präparierter Geißkopf, ein ausgekochter Geißschädel oder ein geschnitzter Geißkopf angebracht. Ein großes weißes Leintuch verdeckt die Stange und den Burschen, die sich darunter verbergen. Hobangoaß (Habergeiß) erschreckt die Weiberleut in der Stube! Ursprung des Brauches nicht bekannt.

Losnächte fallen manchmal mit den Rauhnächten zusammen. Es gelten als solche der Andreastag (30. Nov.), der Thomastag, vor allem Silvester, Hl. Dreikönig, auch noch die Walpurgisnacht (30. April Hexentag!).

Losen heißt »das Los für die Zukunft gewinnen«. Heute: Bleigießen in der Silvesternacht. Dazu die Glückwunschkarten zu Neujahr: Kaminkehrer, Glücksschwein, vierblättriges Kleeblatt, Marienkäfer usw., die wir verschicken.

Inhaltsverzeichnis

Vom christlichen Brauchtum
im Weihnachtsfestkreis

Legenden 98

Spiel zur Vormette 103

Deggendorfer Rauhnacht 107

Lieder

Begriffserklärungen 153

Abbildungsverzeichnis

Abbildungen von Josef Fruth aus »Über dem Urgrund
der Wälder«, Verlag Morsak, Grafenau, und anderen
Veröffentlichungen

Sonstige Abbildungen

Lieder

LITERATUR

Bichler, Albert: Wias in Bayern der Brauch ist. Verlag W. Ludwig
Bichler, Albert: Heimatbilder. Verlag W. Ludwig
Biberger, A.: Scheichtsame Gschichten. Verlag Pössenbacher
Bleibrunner, Hans: Niederbayerische Heimat. Verlagsgesellschaft Landshut
Böck, Emmi: Sagen aus Niederbayern. Verlag Friedrich Pustet
Franken, Klaus: Gespensterbuch für Jungen. Verlag Haus Altenberg
Friedl, Paul: Geister im Waldgebirg. Rosenheimer Verlagshaus
Fruth, Josef: Über dem Urgrund der Wälder. Verlag Morsak
Hager, Franziska und Heyn, Hans: Drudenhax und Allelujawasser. Rosenheimer Verlagshaus
Hauke, Claudia: Rauhnacht im Bayerischen Wald. Waldvereinssektion Viechtach e. V.
Hansen, Walter (Hg.): Das große Festtagsbuch. Verlag Christopherus
Haller, Reinhard: Rauhnacht. Verlag Morsak
Haller, Reinhard: Rockaroasgschichtn. Verlag Morsak
Haller, Reinhard: Von Druden und Hexen. Verlag Morsak
Haller, Reinhard: Grünhütl. Verlag Morsak
Haller, Reinhard: Baamlange Sogmandl. Verlag Morsak
Kerscher, Otto: Hundert Hoagartngschichtn. Verlag Morsak
Kerscher, Otto: Waldlerleben wie es die Alten erzählen. Verlag Morsak
Kerscher, Otto: Gott segne das ehrbare Handwerk. Verlag Morsak
Kerscher, Otto: Genau a so is s gwen. Verlag Pustet
Lettl, Josef: Nach altem Brauch. Verlag Pustet
Lettl, Josef: Durchs Jahr hindurch. Verlag Pustet
Lohmeier, Georg: Gspenstergschichtn. Verlag R. S. Schulz
Matheis, Max: Bayerisches Bauernbrot. Verlag Morsak
Mayrhofer, Karl: Ahnenerbe. Verlag Oldenbourg
Peinkofer, Max: Der Brunnkorb. Verlag Passavia
Peitsch, Inge: Glebt is glei. Verlag Weidling
Ponzauer, Wigg (Gruber, Ludwig): Niederbayerische Weihnacht. Verlag Vierlinger
Redslob, Eswin: Des Jahres Lauf. Insel-Bücherei
Reupold, Hans: Rundbriefe des Perschtnbundes Kirchseeon

Roth, Mathilde: Durchs ganze Jahr. Verlag Brigitte Settele
Schlicht, Josef: Blauweiß in Schimpf und Ehr, Lust und Leid. Rosenheimer Verlagshaus
Schöppner, Alexander (Emmi Böck als Hg.): Bayerische Legenden. Verlag Pustet
Siebzehnriebl, Xaver: Grenzwaldsagen. Verlag Morsak
Sieghardt, August: Kürzester Tag und längste Nacht. Schwandorfer Tagblatt 1960
Waltinger, Michael: Niederbayerische Sagen. Verlag Passavia
Zeitler, Walter: Waldlerische Weihnacht. Oberpfälzische Verlagsanstalt

Dazu:
Kalender, Zeitungsbeilagen, Vereinsblätter, Lexika u. dgl.